Steinbach
Auf den Hund gekommen

CIP-Titelaufnahme der Deutschen Bibliothek

Steinbach, Ingeborg:
Auf den Hund gekommen / Ingeborg Steinbach. – Berlin : Ed. q, 1992.
ISBN 3-928024-28-0

Einband- und Frontispiz-Foto: Robert T. Puhek, Kailua, Hawaii
Sämtliche weiteren Fotos des Buches stammen von der Autorin.
Satz: av-satz, Berlin
Lithographie: InterScan Co. Ltd., Taipei, Taiwan
Druck: Kösel, Kempten
Bindearbeiten: Lüderitz & Bauer, Berlin

Printed in Germany

Ingeborg
Steinbach

Auf den Hund gekommen

Erlebnisse einer Katzennärrin

edition q

Prolog

Ein Tier kann nicht für sich selbst sprechen. Es braucht einen Menschen, der sich für seine Belange einsetzt. Sonst ist es ein armer Hund.

Sonnenaufgang, Oahu, Hawaii.

Nein, es war nicht Liebe auf den ersten Blick. Ich hätte auch nie gedacht, daß das Schicksal gerade uns verbinden würde. Denn es war ein struppiger, junger Hund, der meine Aufmerksamkeit auf sich zog. Unverwandt starrte er mich an. Obwohl er weit weg war, kam es mir vor, als ob sein Blick mich prüfen würde. Was hatte ich mit ihm zu tun? Nichts! Also drehte ich mich um und ging ins Haus. Was für ein häßliches Tier, dachte ich noch, ehe ich die Tür schloß.

21. Januar, Oahu, Hawaii

Es ist ein herrlicher Tag. Die Sonne ist gerade dem Meer entstiegen und taucht alles in einen goldenen Schein. Wir liegen noch im Bett und genießen den für diese Jahreszeit seltenen Anblick, denn in den letzten Tagen wurden wir morgens von dem Rauschen eines Dauerregens geweckt. Endlich Sonne, blauer Himmel und statt der Stürme eine sanfte Brise.

Als ich auf die Terrasse trete, sehe ich den Hund. Zusammengekauert sitzt er in der Ecke. Er scheint auf das Schlimmste gefaßt, aber er läuft nicht weg. Ich bin so überrascht, daß ich wie angewurzelt dastehe und ihn anstarre. Ängstlich blickt er zurück. Was wirst du tun, fragen mich seine traurigen, braunen Augen. Wirst du mich verprügeln, wegjagen oder beschimpfen? Er zittert vor Angst, als ich auf ihn zugehe, um ihn zu streicheln. Er muß verzweifelt sein und zwar so sehr, daß er alles auf eine Karte setzt und bleibt, obwohl er sich zu Tode fürchtet.

Ich knie mich neben ihn, fahre ihm zärtlich mit der Hand über den Kopf und beruhige ihn. Demütig schaut er mich an. Mein Herz schmilzt dahin. Aber was wird Wolfgang, mein Lebensgefährte, sagen, der noch im Bett liegt und von all dem nichts weiß? Wenn es etwas gibt, was Wolfgang bestimmt nicht mag, dann sind es Hunde. Er hält sie für lästig. Hunde bellen nur, stinken, und sie rauben dem Menschen, der sich einen Hund hält, die Freiheit. Die ist Wolfgang zwar durch unsere Hauskatzen auch schon längst los, aber sie stinken und bellen wenigstens nicht und sie wollen auch nicht, daß man mit ihnen spazierengeht. Wolfgang liebt unsere Katzen. Das gibt er zwar nicht zu, aber es ist so. Er behauptet, es seien meine Katzen, die er nur toleriert, um mir eine Freude zu machen. In Wahrheit genießt er das Schmusen mit den Katzen. Ohne sie wäre unser Leben ärmer.

Bitte tu mir nichts!

Das weiß er. Und ich weiß: Wolfgang ist kein Unmensch, auch wenn er keine Hunde mag. Ich bin sicher, daß er dieses Häufchen Elend nicht wegjagen wird. Also rufe ich ihn.

„Was ist?" tönt es zurück.
„Komm", bitte ich.
„Warum?" fragt Wolfgang.
„Das mußt du selbst sehen", antworte ich.
„Eine Katze?"
„Nein."
„Zwei Katzen?"
„Auch nicht. Komm bitte. Ich kann es nicht erklären."

Endlich rappelt er sich auf und kommt. Ich habe mich nicht getäuscht. Beim Anblick dieses traurigen Geschöpfes in der Ecke vergißt er, daß er keine Hunde mag. Er erinnert sich vielmehr an den großen Lammknochen, den wir noch im Kühlschrank haben.

Manchmal ist Wolfgang wirklich praktischer als ich. An den Knochen hätte ich nicht gedacht. Aber für diesen armen, hungrigen Strolch ist ein Frühstück jetzt genau das Richtige. Also wärme ich alles auf und lege das gute Stück zwischen seine Pfoten. Er schmatzt, so laut er kann. Man sieht ihm an, wie gut ihm der Knochen schmeckt. Während er genießt, betrachte ich ihn in aller Ruhe. Muß ich noch erwähnen, daß es der häßliche Hund von gestern ist?

Seine Proportionen stimmen nicht. Der Bauch ist zu dick, der Rest des Körpers zu knochig. Der Arme hat O-Beine. Kein Wunder, wahrscheinlich hat der Unglücksrabe noch niemals etwas Anständiges zu fressen bekommen. Mir kommt es vor, als sei er noch nicht ausgewachsen. Außerdem ist er voll Ungeziefer. Ich habe noch niemals soviele Zecken auf einmal gesehen. Außerdem fallen mir schwarze Punkte auf, die auf seinem Fell munter herumspringen. Flöhe! Und zwar jede Menge. Sie setzen mich in Trab.

Jetzt geht's mir schon viel besser.

„Der Hund muß gebadet werden", rufe ich Wolfgang zu. „Ich gehe schnell und kaufe Shampoo und Hundefutter."

Meine Sorge, daß unser Findling in der Zwischenzeit weglaufen könnte, ist völlig unbegründet. Wie ein Fels sitzt er, als ich zurückkomme, noch immer an derselben Stelle. Er folgt mir und läßt auch das Bad, das ich ihm bereite, ergeben über sich ergehen. Danach riecht er schon viel besser. Den vielen Parasiten allerdings kann ich mit dem einen Bad allein noch nicht den Garaus machen. Deshalb reibe ich meinen Freund zu guter Letzt noch mit Trockenshampoo ein. Jetzt duftet er so fein, daß es schon fast ein Genuß ist. Zum Dank preßt er sich ganz fest an mich und vergräbt seine lange Schnauze hingebungsvoll in meinen Schoß.

„Der wird dir bleiben", sagt Wolfgang, als er uns beobachtet. Und im gleichen Atemzug: „Versuche herauszufinden, wo er entlaufen ist, und bring ihn zurück."

Niemals, denke ich. Sollte der Arme wirklich entlaufen sein, hatte er bestimmt seine Gründe. Sicher hat man ihn mißhandelt und gequält, und dorthin bringe ich ihn ganz bestimmt nicht mehr zurück. Gerade jetzt, wo er es gewagt hat, bei uns Schutz zu suchen.

Wie gut, kommt es mir in den Sinn, daß der Hund uns gerade heute zugelaufen ist. Wolfgang muß für mehrere Wochen verreisen. Bis zu seiner Rückkehr, so hoffe ich, werde ich eine Lösung finden. Für mich steht fest: Wenn dieser Hund bei uns Hilfe sucht, dann wird er sie bekommen. Ich weiß zwar noch nicht wie, aber der arme Kerl soll nie bereuen, bei uns Zuflucht gesucht zu haben.

Hier auf Hawaii, wo das Klima mild ist, leben die Hunde meist im Freien. Man baut ihnen entweder eine Hundehütte oder einen Unterschlupf für die Zeiten, in denen es stürmt und regnet. Man läßt sie aber nicht in die Wohnungen, da man das Flohproblem fürchtet, das durch die ständige Wärme in der Tat lästig ist.

Auch ich kann den Hund nicht ins Haus lassen, selbst wenn ich wollte, da er völlig unerzogen ist und in einem Alter, in dem er alles annagt, was er zwischen die Zähne bekommt. Auf unserem Balkon gibt es eine schöne Ecke, ein windgeschütztes Plätzchen vor meinem Arbeitszimmer. Dort richte ich ihm sein Lager. Dort soll er seine erste Nacht bei uns verbringen.

Noch allerdings ist Tag und das liebe Tier folgt mir auf Schritt und Tritt. Sein Entschluß scheint festzustehen. Es legt sein Schicksal in meine Hände!

22. Januar

Es ist drei Uhr morgens. Ich habe Wolfgang zum Flughafen gebracht und bin gerade zurück. Der Kleine liegt auf seinem Platz. Als er mich hört, winselt er. Ich setze mich zu ihm. Während ich ihn streichle, klettert er auf meinen Schoß. Er preßt sich fest an mich. Gemeinsam betrachten wir den Sternenhimmel. Die Berge liegen im Mondlicht und das Meer glitzert. Ein warmer Wind umfächelt uns. Der Körper entspannt sich. Ein Bild des Friedens. Das ist es, was Hawaii von unseren Breiten unterscheidet, das milde Klima. Der Körper muß sich nicht fortwährend gegen unwirtliche Temperaturen schützen. Auch der Geist wird frei, sich in aller Ruhe dem hinzugeben, was die Natur den Sinnen bietet.

Der Kleine ist inzwischen in meinen Armen eingeschlafen. Er ist noch ein richtiges Baby, das nicht allein sein will. Er möchte einen Menschen haben, der ihn liebt und dem er folgen kann.

Vieles wird er noch lernen müssen. Er kommt nicht, wenn man ihn ruft, er sitzt nicht, wenn man „Platz" sagt, aber er ist ergeben. Wie bringe ich ihm alles bei? Gerade ich, die ich von Hundehaltung keine Ahnung habe. Ich werde mir ein Buch besorgen: „Wie erziehe ich meinen Hund?"

25. Januar

Ich weiß wirklich nicht, ob ich jemals mit einem Hund in Harmonie werde leben können. Das größte Problem, das ich mit dem Schlitzohr habe, ist, daß ich mich nicht von der Stelle rühren kann, ohne daß er hinter mir herläuft. Arbeite ich im Haus, rennt er unentwegt auf dem Balkon entlang, der um das ganze Haus führt, um mich ja nicht aus den Augen zu verlieren. Das schafft Unruhe.

Außerdem tut mir der Hund leid, weil er nie zu Ruhe kommt. Also bewege ich mich möglichst wenig, um ihn nicht zu stören. Das aber engt mich ein. Der Hund verfügt über mich, er bestimmt meinen Alltag. Der arme Kerl jammert, wenn ich ihn allein lasse, um Bersorgungen zu machen. Ich soll nicht gehen, meint er. Aber ich kann doch nicht dauernd auf ihn Rücksicht nehmen, denn manche Dinge müssen einfach erledigt werden.

Einerseits rührt mich sein Verhalten, andererseits macht es mich nervös, weil ich nicht weiß, wie ich seine Bedürfnisse auf die Dauer befriedigen soll. Zu gerne würde er ins Haus kommen. Jedes Mal, wenn er an die Scheibe kratzt und ich ihn doch nicht hereinlassen kann, sticht es mir ins Herz. Was tue ich dann? Ich unterbreche meine Arbeit und setze mich zu ihm. Dann preßt er sich ganz dicht an mich und seufzt vor Glück.

Ich bin ziemlich ratlos, hin- und hergerissen zwischen seiner Anhänglichkeit und den Problemen, die er mir zu lösen aufgibt. Ich habe keine Ahnung, was ein Hund braucht, um glücklich zu sein. Deshalb weiß ich auch nicht, wo ich die Grenzen zu ziehen habe, was ich ihm erlauben darf und was ich ihm verweigern muß, um ihn richtig zu erziehen.

Wie einfach ist es dagegen mit meinen Kätzchen zu Hause. Wenn sie schmusen wollen, kommen sie und zeigen es mir. Wenn sie aber schlafen oder im Garten sind, habe ich Zeit, meine Arbeit zu tun. Wir stören uns gegenseitig nicht, sondern ergänzen uns. Wie aber soll das bei einem Hund möglich werden, der nur dann glücklich ist, wenn er mich neben sich weiß?

26. Januar

Es ist eine stürmische Nacht. Regenböen peitschen um das Haus. Natürlich tut mir der kleine Kerl da draußen auf seinem Lager leid, denn es ist ein Wetter, bei dem man, wie das Sprichwort so schön sagt, keinen Hund vor die Tür jagt. Nur die eine Nacht, sage ich zu mir, soll er drinnen schlafen – und ich hole ihn herein.

Zuerst liegt der Brave auch ganz unterwürfig auf seiner Decke und blickt mich ergeben an. Dann aber beginnt das Spiel, das sonst auf dem Balkon stattfindet: Er läuft mir nach. Mit dem Unterschied, daß er mir jetzt wirklich hautnah auf den Fersen ist.

Das Schlimmste aber kommt noch, denn nun beginnt er, die Schränke auszuräumen, die Möbel anzuknabbern und das Nähzeug aus dem Koffer zu ziehen. Da in unserem Haus alle Räume ziemlich offen sind, und ich wenig Möglichkeit habe, ihn irgendwo einzuschließen, wo er nichts anstellen kann, beschließe ich, ihn wieder auf den Balkon zu verfrachten.

Ich lege zwei dicke Kissen in seine Ecke, damit er schön warm liegt, und wickle ihn in eine Decke ein, um ihn vor dem Wind zu schützen. Ein sinnloses Unterfangen allerdings, weil er sich immer wieder aufdeckt. Wahrscheinlich mache ich mir auch zu viele Sorgen. Wer wärmt denn wildlebende Tiere, die bei Unwetter keinen windgeschützten Unterschlupf finden? Bestimmt machen ein paar Böen meinem Kleinen gar nichts aus. Schließlich liegt er trocken.

Petrus scheint mir gewogen. Das Unwetter läßt nach. Der Regen hört auf, der Sturm legt sich. Der Hund schlummert auf seinem weichen Kissen ein, so daß auch ich beruhigt zu Bett gehen kann.

27. Januar

Heute ist der Gang zum Tierarzt fällig. Wir können nicht länger warten, denn auf Hawaii gibt es einen Wurm, der sich ins Herz der Tiere gräbt und sehr gefährlich ist, wenn man nicht vorbeugend und regelmäßig ein Mittel dagegen gibt. Dieses brauche ich, und natürlich muß er jetzt seine Impfungen bekommen, um vor den anderen Krankheiten geschützt zu sein. Das bedeutet für uns eine Autofahrt von gut einer halben Stunde. Und es ist anzunehmen, daß mein Hund noch niemals in einem Auto gesessen hat. Ich lege Decken auf die Hintersitze, die unseren Leihwagen vor einem eventuellen Fauxpas des lieben Tiere schützen sollen. Die Hinfahrt ist auch kein Problem.

Als wir im Sprechzimmer sitzen und auf den Tierarzt warten, wird ein kleines Kätzchen abgegeben. Ein Streuner sei es, auf der Straße aufgelesen, und ob man es in die Obhut des Tierarztes geben könne, damit ihm nichts passiert.

„Sicher", sagt die Sprechstundenhilfe, „lassen Sie es nur hier. Wir werden versuchen, ein Zuhause für das Kätzchen zu finden, und wenn es keiner nimmt, werden wir es vergasen." Habe ich mich verhört? Mein Englisch ist nicht perfekt. Hat sie wirklich „vergasen" gesagt? Ich frage nach. Wenn es keiner will, wird es noch in dieser Nacht vergast!

„Das kann doch nicht wahr sein", sage ich, „doch nicht so schnell."
„Was sollen wir tun", antwortete die Sprechstundenhilfe, „wenn es keiner nimmt?"

Um das Kätzchen dem Tod zu entreißen, nehme ich es ihr aus dem Arm und höre mich sagen: „Ich nehme es."
„Wirklich?" fragt die Frau, erstaunt über meinen schnellen Entschluß.

„Ja", sage ich und gehe mit Hund und Katze dem Tierarzt entgegen, der gerade das Zimmer betritt. Die Katze ist ein Katerchen, noch nicht einmal drei Monate alt. Das arme Ding hat Milben im Ohr und Katzenschnupfen. Für beides bekommt es Medikamente und wird geimpft.

Die Überraschung kommt beim Hund. Er ist nämlich keineswegs ein Hundebaby, sondern fast ausgewachsen, etwa acht Monate alt. Ein Halbstarker sozusagen, eine Mischung aus Dobermann, vielleicht ein bißchen Schäferhund und irgend etwas Kurzem, denn er ist kleiner als ein Dobermann. Er leidet unter Würmern, deshalb der aufgeblähte Bauch, aber Gott sei Dank hat er keinen Herzwurm. Die Behandlung ist also einfach. Er bekommt Pillen und Spritzen und wird entlassen.

Auf der Rückfahrt, mit dem Kätzchen auf dem Schoß, das eifrig schnurrt, höre ich es auf dem Rücksitz rumoren. Mir schwant Schlimmes. Ich halte an, verstaue das Kätzchen in einem Karton und sehe nach. Mein Hund ist gerade dabei, sein Erbrochenes fein säuberlich unter all den Decken zu vergraben, die die Polster schützen sollten. Das Auto ist versaut und ich habe alle Hände voll zu tun, erst einmal das Gröbste wegzuputzen. Dann muß ich den Hund trösten, denn er ist völlig deprimiert, daß ihm das passiert ist. Und er kann ja wirklich nichts dafür, denn daß ihm bei seiner ersten Autofahrt – und dazu noch mit Wurmpillen im Bauch – schlecht wird, ist nicht verwunderlich.

Zu Hause angekommen, setze ich mich mit Hund und Katze auf den Schlafplatz des Hundes. Rechts der Hund und links im Arm das Kätzchen, um ihn schnuppern zu lassen. Es ist aufregend für ihn, aber er beherrscht sich und läßt das Katerchen in Ruhe. Man merkt, daß er ein sanftes Wesen hat. Der Tag hat viel Neues für ihn gebracht, so daß er nun – müde von all den Eindrücken – schnell einschlummert.

Nur für eine Nacht!

Auf leisen Sohlen schleiche ich mich weg, um ihn nicht aufzuwecken und stelle für das Katerchen im Haus ein Katzenklo auf. Zu meiner Überraschung weiß das süße Ding, was das ist, denn es springt sofort hinein. Das freut mich riesig, denn jetzt weiß ich, daß ich den Kleinen in mein Bett lassen kann. Er ist stubenrein. Als wir schlafen gehen, ringelt er sich um meinen Hals und schnurrt, als wolle er mich dafür belohnen, daß ich ihn mitgenommen habe.

28. Januar

Als ich heute früh ins Auto steigen will, um zum Einkaufen zu fahren, springt mein lieber, unerzogener Hund an mir hoch. Er will unbedingt mitgenommen werden. Das geht aber nicht, weil ich in der prallen Sonne parken muß.

„No", sage ich, „nein, du kannst nicht mit, du mußt zu Hause bleiben." Schmutzig, wie ich inzwischen durch seine Pfoten bin, versuche ich ins Auto zu steigen und die Tür zu schließen. Entschlossen, seinen Willen durchzusetzen, zerkratzt er nun die Tür. Mich trifft fast der Schlag. Das Auto ist geliehen. Wie ein Blitz bin ich draußen, um weitere Attacken zu verhindern. Um seiner Freude Ausdruck zu verleihen, daß ich meinen Plan wegzufahren, anscheinend aufgegeben habe, umarmt er mich. Das gibt mir den Rest, denn nun müßte ich mich wirklich umziehen. Um wegzukommen, verzichte ich darauf. Doch er läßt mich nicht gehen. In meiner Verzweiflung brülle ich ihn an: „No! No! No!"

Da zieht er den Schwanz ein und schleicht unter das Haus. Ich steige ein und brause los, ehe er es sich anders überlegen kann. Aber kaum bin ich weg, tut es mir in der Seele leid, daß ich ihn so angeschrien habe. Was soll ich bloß tun? Ich bin absolut hilflos. Der Hund folgt nur, wenn ich wie ein Löwe brülle. Dabei ist mir jeder laute Ton verhaßt. Wenn es nach mir ginge, würde ich mich am liebsten telepathisch mit ihm unterhalten.

Mein Entschluß steht fest: Ich werde uns bei einer Hundeschule anmelden.

Als ich zurückkomme, begrüßt mich mein treues Tier mit überschwenglicher Freude. Am liebsten würde er mich von oben bis unten abschlecken. Dabei wirft er mich fast um. Ich getraue mich nicht, ihn zurechtzuweisen, denn ich möchte nicht, daß er denkt, seine Begeisterung gefiele mir nicht. Ich wünschte mir nur, sie würde nicht so stürmisch ausfallen.

Im Haus empfängt mich erwartungsvoll das Kätzchen. Es hat Hunger

Jetzt geht es wieder nach Hause.

und macht sich schmatzend über sein Futter her. Da klingelt das Telefon. Am Apparat ist eine Frau, die mir erklärt, daß das Kätzchen ihr Tier sei und daß sie es zurück haben wolle. Sie würde auch für die Tierarztkosten aufkommen. Da ich den schnurrenden, kleinen Teufel schon ins Herz geschlossen habe und der Ansicht bin, daß er wegen der Milben und des Katzenschnupfens längst tierärztliche Behandlung nötig gehabt hätte, bin ich nicht gleich bereit, ihn wieder herzugeben. Ich frage die Frau, ob sie ihn mir nicht lassen möchte.

„Nein", antwortet sie, sie habe ihn mit der Flasche aufgezogen. Deshalb sei er auch so anhänglich. Er sei ihrer Tochter auf dem Schulweg nachgelaufen. Auch sie wolle ihn unbedingt wiederhaben. Ich rufe den Tierarzt an und bitte um Rat. Er meint, daß ich das Tier zurückgeben müsse, wenn die Frau bereit sei, die Kosten für die Behandlung zu übernehmen. Schweren Herzens stimme ich zu.

Da ich nachmittags mit dem Hund sowieso zum Tierarzt muß, um die Wurmkur zu wiederholen, die er erbrochen hat, verspreche ich, den kleinen Kater mitzubringen.

Als wir das Wartezimmer betreten, sitzt dort schon eine Frau mit ihren Kindern. Sie stürzen auf mich zu, um sich überschwenglich bei mir dafür zu bedanken, daß ich ihren Kater vor dem sicheren Tod bewahrt habe. Ich weiß gar nicht, wie mir geschieht. Sie versprechen mir, die Behandlung fortzusetzen und ziehen überglücklich mit dem Kätzchen ab.

29. Januar

Heute haben wir eine Privatstunde bei einem Hundetrainer. Der Kurs hat schon vor einer Woche begonnen, so daß der Trainer mir empfohlen hat, eine Privatstunde zu nehmen, um das Versäumte nachzuholen. Ich könnte vor Neid erblassen, als ich sehe, wie dieser kleine, drahtige Mann leise, aber bestimmt mit einem großen Schäferhund umgeht. Das Tier folgt willig jedem Befehl. Während des Trainings fällt kein lautes Wort. Alle meine Träume werden plötzlich wahr, da ich sehe, daß es sogar ohne Worte, allein mit Handzeichen geht.

Eines wird mir sofort klar: Mein Hund muß nicht nur lernen zu gehorchen, ich muß vor allem lernen, ihn zu erziehen. Das ist das größere Problem, weil mir das nicht liegt. Es macht mir einfach keinen Spaß. Am liebsten würde ich meinen Hund dem Trainer in die Hand drükken und sagen, daß ich in sechs Wochen wiederkomme, wenn der Gute sich ebenso zu benehmen weiß, wie dieser Schäferhund, der für sein Herrchen in der Hundeschule erzogen wird. Doch das kann ich mir nicht leisten. Das übersteigt meine finanziellen Möglichkeiten. Ich bin gezwungen, ihn selbst zu erziehen. Einmal pro Woche werden wir an dem Kurs teilnehmen. In dieser Stunde müssen wir alles lernen. Für die Heimfahrt bindet der Trainer meinen Hund auf dem Rücksitz an. Gut so, denke ich, auch wenn ich keinen Zwang mag. Der Fachmann muß es schließlich wissen. Mein Schlitzohr von Hund macht es sich nämlich, wenn ich ihn gewähren lasse, auf dem Vordersitz bequem. Wehret den Anfängen, denke ich, denn sonst sehe ich den armen Wolfgang auf den Rücksitz verbannt.

Frohgemut, meinen lieben Hund heute sicher auf seinem Platz zu wissen, fahre ich los. Um ihn vergessen zu lassen, daß er sich nicht rühren kann, rede ich mit ihm.

„Glaube mir“, sage ich, „sobald du dich zu benehmen weißt, wirst du mehr Freiheit haben. Vorläufig muß ich dich noch so eingrenzen. Sozusagen, um dich zu schützen. Denn glaubst du wirklich, daß Wolfgang dich mögen wird, wenn du ihm seinen Platz streitig machst? Das kann er auf den Tod nicht leiden. Wir müssen aber alles tun, damit er dich gern hat. Denn er ist dein Herrchen. Sobald du weißt, was du tun darfst und was nicht, werde ich dich nicht mehr anbinden. Das verspreche ich dir.“

Während ich ihn so zu trösten versuche, fängt es hinten schrecklich an zu stinken. Ich halte sofort, um nachzusehen.

Ich habe Glück. Sein großes Geschäft liegt auf der Decke. Der Unglücksrabe hatte noch keine Zeit, es zu vergraben. Ich binde ihn los, um die Decke zusammenzufalten und mit dem ganzen Malheur in den Kofferraum legen zu können.

Als ich wieder ins Auto steige, sitzt neben mir mein Hund und schaut mich aus reuigen Augen an. Sein Blick sagt: Er wollte nicht ins Auto machen. Er wurde dazu gezwungen. Von wem? Von mir natürlich. Denn da er angebunden war, konnte er nicht – wie sonst – vor seinem Geschäft unruhig auf dem Hintersitz herumgraben und mir damit kundtun, was gleich kommen würde. Ich hätte dann anhalten und ihn schnell noch hinauslassen können. Ich bin schuld, das sehe ich ein. Ich hatte ja gleich ein schlechtes Gewissen, als er auf dem Rücksitz angebunden wurde.

Natürlich weiß ich, daß ich mich jetzt in einer Zwickmühle befinde. Auf der einen Seite höre ich schon den Hundetrainer, der mir sagen wird, daß ich niemals die Kontrolle über den Hund gewinnen werde, wenn ich seine Ratschläge nicht befolge. Auf der anderen Seite hasse ich es, Zwang auszuüben. Fest steht aber auch: Der Hund darf mich nicht beherrschen. Also steige ich wieder aus und befördere mein liebes Tier auf den Rücksitz, um es dort anzuleinen. Zufrieden über meine Willensstärke setze ich unsere Fahrt nach Hause fort. Wir sind noch nicht weit gekommen, ich bin gerade im Begriff, meine Gedanken zu sammeln, um mein unterbrochenes Gespräch mit ihm fortzusetzen, als er nach vorne kommt und sich neben mich setzt. Er hat den Knoten gelöst!

Treuherzig blickt er mich an. In seinen Augen lese ich die Bitte, ich möge ihm verzeihen. Um sich wohlzufühlen, müsse er mir so nahe wie nur irgend möglich sein. Nur deshalb, aus keinem anderen Grund, sei er zu mir gekommen.

Ich kann nicht mehr, ich bin geschafft. Und das Schlimmste ist, daß ich all seine Argumente so gut verstehe. Er weiß, wie er sich durchsetzen kann. Er muß mich nur überzeugen. Er muß mir nur verständlich machen, daß es nicht sinnlose Wünsche sind, die er hat, sondern echte Bedürfnisse, die erfüllt werden müssen, damit sein seelisches Gleichgewicht nicht ins Wanken gerät. Denn, wie könnte ich es jemals ertragen, seine dringendsten Bedürfnisse nicht erkannt und nicht erfüllt zu haben. Das würde mich zutiefst unglücklich machen. Das weiß er. Und deshalb läßt er mich auf eine so unerschütterliche Art erkennen, was er will, weil er es für seinen inneren Frieden braucht. Natürlich bleibt er auf dem Vordersitz. Er hat gesiegt!

30. Januar

Als dieser Hund in mein Leben trat, dachte ich, er braucht tägliches Bürsten, ein wöchentliches Bad und gesundes Futter.

Ihm das zu geben, bin ich in der Lage. Ich habe nicht damit gerechnet, daß er erzogen werden muß. Dazu bin ich, wie sich immer mehr herausstellt, nicht fähig. Wenn wir miteinander üben, langweilen wir uns beide zu Tode. Ich muß nach kurzer Zeit schon herzhaft gähnen, und er legt sich einfach hin. Und wieder muß ich sagen, daß ich ihn verstehen, denn ich finde es ja auch ermüdend, immer wieder dieselben Befehle zu wiederholen.

Kurzweilig ist es nur im Kurs, wenn die fünfzehn Hundebesitzer in aller Herrgottsfrühe mit ihren Zöglingen auf der Wiese stehen und versuchen, die Anweisungen des Trainers zu befolgen. Erstaunlicherweise sind alle Hunde diszipliniert. Ich hatte angenommen, daß sich die Tiere gegenseitig ablenken würden. Aber so ist es nicht. Im Gegenteil, sie werden dadurch, daß alle das gleiche tun müssen, angespornt. Es ist für mich viel leichter, in dieser Gemeinschaft mit dem Hund zu üben, als allein. Ich wünschte, der Kurs fände täglich statt.

31. Januar

Gestern war ich bei unserem Nachbarn Earnie eingeladen. Er studiert das Verhalten der Fische. Es waren viele seiner Freunde da, und fast alle haben zu Hause Vögel, Hunde oder Katzen. Bei ihm traf ich Muffy, die Frau eines Ornithologen. Sie erzählte mir, daß sie einst mehrere

Auch erfolgloses Training macht müde.

Hunde, eine Katze, zahme Fasane und drei kleine Wildschweine hatte. Die Katze habe die Hunde erzogen und über alle regiert. Die Wildschweine hat sie als Babys irgendwo aufgelesen. Die Mutter war wahrscheinlich Jägern zum Opfer gefallen. Sie hat die Ferkel aufgepäppelt, und – man möchte es kaum glauben – sie haben mit ihr gemeinsam im Haus gelebt. Sie haben gelernt, auf die Katzentoilette zu gehen, sie haben auf Frauchens Schoß gesessen, wollten geküßt und umarmt werden, und sie haben ihr Herrchen laut quietschend begrüßt, wenn es nach Hause kam.

Wer möchte da noch Schweinefleisch essen?

Mich hat die Geschichte sehr gerührt. Normalerweise sind ja gewisse Tiere für unsere Nahrung tabu. Ich würde zum Beispiel keinen Hund, keine Katze und kein Pferdefleisch essen. Auch Hasenbraten mag ich nicht mehr, wenn ich an die kugeligen Fellbündel denke. Aber beim Schwein, da ist das anders. Da denkt man immer, es ist dick und fett und dazu da, gegessen zu werden. Bis jemand wie Muffy kommt und erzählt, mit welcher Liebe auch ein Schwein an seinem Menschen hängen kann.

Und wer mag schon seine Freunde aufessen?

Muffy hat die Wildschweine später, als sie ausgewachsen waren, in ein Gehege geben müssen, weil sie in ihrer stürmischen Zuneigung für die Besitzerin gefährlich wurden.

1. Februar

Seit heute hat unser Hund einen Namen. Er heißt Mirus, das ist lateinisch und bedeutet: der Wunderbare. Denn es ist eine Fügung des Schicksals, daß wir nun einen Hund haben. Aber je länger er bei mir ist, desto mehr merke ich, daß ich ein Katzenmensch bin und mir alles, was mit dem Hund zu tun hat, hart erarbeiten muß. Wenn Mirus aber glücklich ist, dann freut mich das so, daß ich dem Himmel danke, daß er mir diesen Hund geschickt hat. Wenn ich morgens aufwache und Mirus mich hört, dann gibt es bei ihm kein Halten mehr. Dann muß ich sofort zu ihm. Nicht einmal die Zähne darf ich mir vorher putzen. Mein erster Gang ist zu ihm auf den Balkon, wo er sich vor Freude vor mir wälzt, seinen Kopf in meinem Schoß reibt und mit allen Mitteln, die ein Hund zur Verfügung hat, zeigt, wie groß seine Freude ist, mich zu sehen. Ich muß mich zu ihm setzen, ihn streicheln und mit ihm reden. Ich muß ihm sagen, wie gut er nach dem gestrigen Bad wieder riecht, und er will gefragt werden, ob er auch diese Nacht gut geschlafen habe und ob jetzt die rechte Zeit für sein Frühstück sei. Die Antwort darauf kenne ich schon, denn die lautet immer ja, so schnell wie möglich. Das darf ich ihm dann auch holen. Fürs Frühstückholen läßt er mich sogar gehen. Während er sein Futter frißt, darf ich mich waschen und fertig machen. Wenn ich mich beeile, reicht die Zeit noch, mir einen Kaffee zu kochen. Er steht spätestens danach wieder vor der Tür und fordert sein Recht. Das heißt, daß ich mich wieder zu ihm setzen muß, dieses Mal auf die Stufen der Terrasse. Am liebsten will er auf den Schoß. Gemeinsam betrachten wir das Meer. Wenn ich so eine halbe Stunde mit ihm verbracht habe, darf ich aufstehen und meine Arbeit tun. So gemütlich beginnt bei uns der Morgen.

3. Februar

Es gibt ein neues Mittel gegen Flöhe. Ein paar Tropfen Eukalyptusöl auf ein Halstuch geträufelt, sollen Mirus in Zukunft schützen. Ob es wirken wird, weiß ich noch nicht. Die Hersteller versprechen es jedenfalls. Mirus sieht damit aus wie ein echter Hawaiien boy, nur daß er das Tuch nicht um die Lende trägt, sondern um den Hals. Es ist sowieso erstaunlich, was innerhalb von zwei Wochen aus dem verlausten, dreckigen, mageren Tier geworden ist. Nämlich ein wohlgenährter, gepflegter junger Hund mit dem Anflug allererster Manieren. Sein Anblick ist eine Freude. Aus dem Schrecken von einst ist Wohlgefallen geworden.

Es ist auch klar, was er als nächstes lernen muß: an meiner Seite zu gehen und mir nicht in den Weg zu springen. Vor lauter Lebensfreude hat er mich gerade umgerannt. Dabei bin ich mit dem Fuß umgeknickt und habe mir den Knöchel verstaucht. Hoffentlich wird es nicht allzu schlimm, denn nicht laufen zu können, kann ich jetzt gar nicht brauchen. Besonders jetzt, wo es soviel zu tun gibt.

*Oben ohne
wäre mir lieber.*

4. Februar

Seitdem ich Mirus abends, wenn ich ihm „Gute Nacht“ sage, ein paar Tropfen Moskitomilch hinter die Ohren und an die Innenseite der Schenkel gebe, wird er nicht mehr so zerstochen. Denn da er draußen schläft, quälen ihn die Moskitos. Sein Bauch ist zerstochen und sieht schlimm aus, aber die Moskitomilch hilft. Wenige Tropfen genügen, um ihn von der Plage zu befreien.

6. Februar

Mirus ist krank. Er hat gestern kaum gefressen. Da heute wieder Hundetraining angesagt ist, bin ich gleich bei Sonnenaufgang aufgestanden, um nicht hetzen zu müssen. Der Kurs ist sehr früh, und wir haben eine gute halbe Stunde Fahrt vor uns. Mirus schläft noch. Leise schleiche ich durch das Haus, um ihn nicht zu stören. Schließlich aber wacht er aber doch auf und begrüßt mich sehr gedämpft. Im Auto übergibt er sich, und während des Trainings legt er sich bei jeder sich bietenden Gelegenheit hin. Ich lasse ihn ruhen und schaue nur zu, was die anderen machen.

Auf dem Rückweg wird ihm wieder schlecht. Den Tierarzt kann ich nicht erreichen, weil er schon im Weekend ist. Ich muß bis Montag warten. Mirus legt sich auf sein Hundekissen und schläft. Da ich augenblicklich nicht viel für ihn tun kann, fahre ich schnell zu Bill, um Genius zu besuchen.

Bill ist Immobilienmakler und unser Freund. Er hat vor einem Jahr meinen Kater Genius aufgenommen, dem ich das Leben gerettet habe. Er war verletzt und mußte dringend behandelt werden. Ich habe ihn zum Tierarzt gebracht und anschließend gesund gepflegt.

Als ich dann abreisen mußte, hat ihm Bill ein Zuhause gegeben. Er sollte für ihn sorgen, bis ich zurückkomme. Weil er das Tier liebgewonnen hat, hat er es behalten. Aber dieser Kater hat mich nicht vergessen. Wenn ich Bill besuche, kommt mir Genius schon auf der Terrasse entgegen, folgt mir auf Schritt und Tritt, um sich dann köpfchenreibend auf meine Füße zu legen. Bill sagt, daß er dies bei keinem anderen Menschen machen würde. Er hat mich nicht vergessen, obwohl wir uns acht Monate nicht gesehen haben. Bei Bill hat es Genius gut. Denn er lebt mit ihm in einem großen Haus mit Garten.

8. Februar

Da Mirus immer noch nicht richtig frißt, gehen wir nun doch zum Tierarzt. Dieser stellt fest, daß das Tier Fieber hat, und gibt ihm Antibiotika. Er fragt mich, ob Mirus Knochen bekommen habe. Als ich ihm erzähle, daß der Hund fast täglich einen schönen, großen Knochen zerbeißen darf, muß ich mir eine Standpauke anhören. Die einzigen Knochen, die ich Mirus geben darf, sind solche, die er nicht zerknautschen kann, wie zum Beispiel harte, große Markknochen mit Fleisch dran. Die kann er ausnuckeln, das Fleisch fressen, aber er kann die Knochen selbst nicht klein kriegen.

Ich bin froh, daß die Beschwerden nicht schlimmer sind, denn jetzt möchte ich Mirus nicht mehr verlieren. Auch wenn die Erziehung noch so schwierig ist, gerade jetzt, wo er krank ist, merke ich, wie sehr er mir schon ans Herz gewachsen ist.

9. Februar

Ich habe große Probleme mit dem Hundetraining. Eine Stunde in der Woche ist nicht genug, um das zu lernen und aufzunehmen, was ich brauche, um ihn selbst zu trainieren. So oft bin ich ratlos, weil ich nicht weiß, wie ich Mirus korrigieren soll. Alles kommt mir so vage vor, so ungenau. Ich lese verzweifelt die entsprechenden Bücher, aber was ich suche, steht nicht drin, oder ich kann es nicht umsetzen. Was soll ich zum Beispiel sagen, wenn ich wegfahren will und ihn zurücklassen muß. Im Kurs haben wir gelernt, daß der Hund auf das Kommando „stay" auf einem Fleck sitzen bleiben muß, bis er wieder gerufen wird. Aber das kann ich doch jetzt nicht machen. Das kann Stunden dauern. Was also sage ich ihm in diesem Fall? Der Trainer riet mir, ihn an der Leine mit zum Auto zu nehmen, und wenn er einsteigen will, mit einem „no" zurückzuziehen, damit er lernt, daß er nicht mit darf, wenn ich „no" sage. Das bringe ich aber nicht fertig, denn Leine heißt für ihn, daß ich ihn mitnehme. Und ich möchte ihn auf keinen Fall verwirren. Ich müßte jemanden finden, der sich mit der Hundeerziehung auskennt und zu mir kommt, wenn ich zu Hause mit Mirus übe. Damit ich immer, wenn ich mir keinen Rat mehr weiß, fragen kann.

10. Februar

Mirus geht es schon wieder blendend. Er ist putzmunter mit allen bekannt Unarten, so daß mir wieder Zweifel kommen, ob ich es jemals schaffen werde, ihn zu erziehen. Vielleicht bin ich einfach kein Hundemensch und damit für eine solche Aufgabe ungeeignet.

Was stelle ich als nächstes an?

Als er krank war und ich Angst um sein Leben hatte, da war mir klar, daß ich ihn liebe und ihn behalten will. Wenn er sich nicht wohl fühlt, ist er aber auch besonders ruhig und stellt nichts an. Ist er gesund, kann er mich zur Verzweiflung treiben. Ich muß ihn erziehen. Aber wie? Wenn mir nur jemand richtig helfen könnte.

11. Februar

Als ich aufwache und nach Mirus schaue, liegt er noch auf seinem Kissen und schläft. Das ist ungewöhnlich, denn es ist schon spät. Normalerweise wartet er um diese Zeit ungeduldig auf ein erstes

Lebenszeichen von mir, um mich stürmisch begrüßen zu können. Heute steht er nicht einmal von seinem Lager auf, als ich die Balkontür öffne. Er wedelt auch nicht mit dem Schwanz. Mir schwant Schlimmes. Und natürlich hat er wieder eine warme Nase, also Fieber. Ich rufe gleich den Tierarzt an, doch der meint, das sei normal. Die Behandlung sei noch nicht abgeschlossen, und bevor er nicht alle Tabletten genommen habe, könne man auch nicht erwarten, daß der Hund ganz gesund sei. Wieder merke ich, wie sehr ich an Mirus hänge, denn ich fühle mich ganz krank, wenn er nicht gesund ist. Mir wird klar, daß Mirus nicht mehr irgendein Hund ist, er ist mein Hund. Es stellt sich nicht mehr die Frage, ob ich ihn behalten werde. Es geht jetzt um die Aufgabe, aus Mirus einen so liebenswerten Hund zu machen, daß auch Wolfgang sich an ihn bindet. Wolfgang hat gestern angerufen und gefragt, ob der Hund noch da sei. Ich habe schlicht „ja“ gesagt. Ob er sich anständig benehmen würde, hat Wolfgang wissen wollen. Damit meint er, ob der Hund nicht bellt. Von all den anderen Unarten hat der Gute ja noch keine Ahnung.

„O nein“, habe ich schnell geantwortet, „bellen tut Mirus nie.“
Und das stimmt auch, denn dies ist wahrscheinlich die einzige Untugend, die er nicht hat!

Von der Krankheit und den Tierarztrechnungen habe ich nichts gesagt. Wolfgang muß Mirus liebgewinnen, dann wird sich alles finden.

12. Februar

Ich schlage die Augen auf und sehe am Fenstersims zwei Pfoten und ein Hundebubengesicht mit zwei erwartungsvollen Augen. Mirus versucht, mir heute auf diese Weise klarzumachen, daß er schon auf ist und es überhaupt nicht komisch findet, daß ich mich nicht rühre. Das heißt, es geht ihm besser. Natürlich ist an Schlafen nicht mehr zu denken, nachdem er gesehen hat, daß ich die Augen offen habe. Jetzt gibt er keine Ruhe mehr. Ich stehe auf. Schwanzwedelnd empfängt er mich. Er ist gesund und fieberfrei und damit auch wieder zu all den Streichen aufgelegt, die ein Hundehirn nur aushecken kann.

15. Februar

Das Neueste ist, daß Mirus jeden, der ihm in die Quere kommt, bespringt. Ob Männlein, Weiblein, Hund oder Hündin, alles was Beine hat und in seine Nähe kommt, ist sein Opfer. Das gibt mir zu denken. Eigentlich wollte ich mit der Kastration noch warten, bis Wolfgang zurück ist, aber vielleicht ist es auch besser, wenn wir alles bis dahin hinter uns haben. Mir tut zwar immer das Herz weh, wenn ich eines meiner Tiere operieren lassen muß, aber dies soll wirklich der einzige Schmerz in ihrem Leben sein, der ihnen durch mich zugefügt wird. Das ist der Preis für ein hoffentlich gesundes, langes und glückliches Leben. Es muß verhindert werden, daß sich der Tierbestand ungehindert vergrößert. Wenn die Zahl der Tiere beschränkt wird, muß auch keines mehr vergast werden.

16. Februar

Mirus ist bestens drauf. Er frißt mit großem Appetit, springt fröhlich herum und treibt mich in die Buchgeschäfte von Hawaii, in denen ich nach Lösungen für seine neuen und alten Untaten suche. Bis jetzt vergeblich. Denn im Vollbesitz aller seiner Kräfte fallen ihm Sachen

*So wohl
war mir noch nie.*

ein, die absolut lästig sind. Wenn ich daran denke, daß Wolfgang dies erleben muß, sehe ich schwarz. Das wird seinen Spaß an Mirus dämpfen, ehe er sich mit dem Hund überhaupt anfreunden kann. Ich muß das unbedingt vermeiden. Aber wie? Ich komme nicht weiter.

Wenn ich zum Beispiel auf der Luftmatratze liege und ein Buch über Hundeerziehung lese, fällt es Mirus ein, sich auf mich zu stürzen, um mit mir zu spielen. Zuerst versucht er, mir das Handtuch wegzuziehen, anschließend beißt er in mein Buch, und wenn ich ihm dies aus dem Rachen reiße, zwickt er in die Luftmatratze. Da das nicht ratsam ist, gebe ich Mirus einen Klaps auf die Schnauze. Jetzt zwickt er mich. Worauf er noch einen Klaps bekommt. Das Zwicken tut mir weh.

Auf der einen Seite freut es mich, daß sich der Hund so ungezwungen benimmt, anstatt vor Angst flach auf dem Boden zu liegen. Auf der anderen Seite ist es furchtbar lästig, wenn er sich angewöhnt, Schuhe, Handtücher, Bücher, kurz alles, was in seiner Reichweite liegt, unters Haus zu tragen oder zu zerbeißen. Damit zwingt er uns, nichts im Gras liegen zu lassen. Aber das ist wirklich zuviel verlangt, wenn man bei Sonnenschein im Garten sitzt.

Die Bücher helfen in diesem Fall nicht weiter, denn sie bestehen darauf, daß sich so nur Hunde benehmen, die allein gelassen werden. Aber gerade das trifft auf Mirus nicht zu. Denn ich bin viel mit ihm zusammen, spiele mit ihm, gehe mit ihm ins Wasser und laufe, damit er Bewegung hat, mit ihm am Strand entlang.

Je mehr ich für ihn tue, um so mehr fordert er. Ich weiß nicht, wie ich das Problem lösen soll.

17. Februar

Diesen Morgen empfängt mich Mirurs wieder mit einer Lebenslust, die ich kaum bändigen kann. Er springt ständig an mir hoch und – was neu ist – er beißt mich. Das ist nicht böse gemeint, aber es tut weh. Er legt sich auf den Rücken, strampelt und nagt alles an, was in seiner Nähe ist. Oft genug ist es meine Hand. Meist habe ich schon einen Kauknochen bereit, den ich ihm ins Maul stecke, um meine Hand zu schonen. Aber auch das hilft nur bedingt. Da ich glaube, daß es überschüssige Energien sind, die ihn in Versuchung führen, spiele ich viel mit ihm, werfe ihm den Ball und gehe mit ihm spazieren. Aber seine Kräfte gehen über meine. Ich kann ihn nicht bändigen und müde bekommen. Irgend etwas mache ich falsch.

Das soll 'ne
blaue Lagune sein?

Ich könnte mich vor Freude dauernd wälzen.

18. Februar

Heute habe ich zum ersten Mal das Gefühl gewonnen, daß ich mit dem Hund eine Einheit werden kann. Ich war mit Mirus bei Freunden eingeladen, die mit einem Riesenhund und einer Katze oben am Berg in einem Häuschen wohnen, das aussieht, als sei es eine Dekoration für Hänsel und Gretel. Beim Abendessen saßen wir alle auf der Veranda, und Mirus war selig, nicht durch eine Glasscheibe von mir getrennt zu sein. Er benahm sich vorzüglich, jagte weder das Kätzchen noch den Hund, nahm mit ausgesprochener Grazie die zwei Bissen Käseauflauf aus meiner Hand und zog sich, als ich ihn wissen ließ, daß dies alles sei, sofort diskret unter den Tisch zurück. Pele, der

Hund meiner Freunde, lag mit seinem Riesengewicht in dem Stuhl, in dem er schon als Baby zu schlafen pflegte. Er paßte zwar kaum noch in den Sessel, der unter der Last zusammenzubrechen drohte, aber alles ging gut. Wir genossen diesen harmonischen Abend. Ich war besonders glücklich, denn nach den Erlebnissen der letzten Wochen hatte ich einen Hoffnungsschimmer wie diesen dringend nötig. Mirus muß gehorchen, wenn das Zusammenleben Freude machen soll.

19. Februar

Es ist ein herrlicher Tag. Das Meer schillert in allen Farben. Sogar die Menschen strahlen vor Freude. Um Mirus die Gelegenheit zu geben, sich auszulaufen, gehe ich mit ihm an einen der wunderschönen Sandstrände. Er ist von dem, was er erlebt, so sehr hingerissen und weiß gar nicht, wo er zuerst schnuppern soll, um alles aufzunehmen, was sich bietet. Aus meinen vielen Hundebüchern weiß ich, daß das Schnüffeln für den Hund wie die täglichen Nachrichtensendungen für uns ist. Unser Spaziergang endet in einem Restaurant. Wir essen beide Reis und etwas Huhn, Mirus bekommt dazu Wasser und ich eine Cola. Schließlich liegt er höchst zufrieden auf seinem Kissen und träumt von dem, was er erlebt hat. Und ich denke mir, wie einfach es im Grunde ist, ein Tier glücklich zu machen, wenn man sich Mühe gibt. Wieviel schwerer ist es meist, einen Menschen froh zu stimmen. Die Menschen sind viel zu anspruchsvoll. Und das wird immer schlimmer.

20. Februar

Nach der Hundeschule besuche ich Bill. Mirus beschnuppert Genius, der ihn gnädig gewähren läßt. Da es so problemlos geht, versucht er es nach einer Weile wieder. Doch dieses Mal gibt es von Genius eine schnelle Ohrfeige. Mirus muß lernen, daß er auf Katzen nicht zugehen darf, sondern warten muß, bis sie auf ihn zukommen. Glücklicherweise scheint er kein Katzenhasser zu sein. Er ist sichtlich bemüht, mit ihnen auszukommen, ja, er wirbt um Genius. Dem ist das gar nicht geheuer. Bill ist im Süden der Insel bei Freunden eingeladen und nimmt uns mit. Der Strand dort ist herrlich. Das Meer ist tiefblau und die Wellen sind hoch, aber langgezogen, so daß man schwimmen kann. Ich habe gelesen, daß Hunde nicht von Natur aus schwimmen können. Sie müssen es lernen. Ich gehe also voraus und rufe Mirus. Mit flatternden Ohren hüpft er wie ein junger Bock im seichten Wasser herum und traut sich nicht, zu mir zu kommen, obwohl er so gerne möchte. Er fiepst, was heißt, ich soll ins Seichte kommen, damit er bei mir sein kann. Ich tue ihm den Gefallen. Der Schwimmunterricht wird vertagt. Es muß nicht gleich beim ersten Mal sein. Wasserscheu ist er jedenfalls nicht.

22. Februar

Das Beißen hört nicht auf, und ich bin nicht sicher, ob Mirus damit ausprobiert, wie weit er bei mir gehen kann, oder ob er sich wirklich nur im Spiel mit mir vergißt. Obwohl ich ihm immer wieder einen Klaps auf die Schnauze gebe, lernt er nicht, daß ich das Beißen nicht mag, daß ich es sogar verhindern muß, denn sein Biß tut richtig weh.

Der Strand von Lanikai.

23. Februar

Auf der Suche nach einem Hundestrand entdecke ich Lanikai, einen kleinen Ort mit einem endlos langen Badestrand. Der Sand ist fein und weiß, und das Meer ist grün bis türkis, so wie man sich die Südsee eben vorstellt. Die Wellen rollen sanft und langgezogen an den Strand. Es ist der ideale Ort zum Baden. Wenn ich ins Wasser gehe, kommt Mirus mit, aber nur so weit, wie er stehen kann. Vor dem Schwimmen hat er noch Angst. Ich gehe weiter hinaus und rufe ihn. Er winselt, weil er bei mir sein möchte; aber er überwindet sich nicht, sondern wartet, bis ich zu ihm zurückkomme. Wenn ich mich auf mein Handtuch lege, wälzt er sich neben mir im Sand, so daß er aussieht wie paniert. Auf diese Weise verbringen wir drei herrliche Stunden, und ich bekomme fast einen Sonnenbrand, weil ich vergessen habe, mich einzucremen. Das kann Mirus nicht passieren, denn er ist schlau und legt sich eine Weile in den Schatten.

Panierter Hund.

26. Februar

Mirus benimmt sich wie ein Halbstarker. Er gleicht einem unkontrollierbaren Bündel Energie und tut genau das, was mich stört und ärgert. Zu allem Übel fängt er jetzt auch noch an zu bellen, wenn er mich zum Spielen animieren will. Aus Rücksicht auf die Nachbarn gebe ich nach, damit er ruhig ist. Ich weiß, daß dies der größte pädagogische Fehler ist, den ich machen kann. Aber wie soll ich ihn beruhigen? Ich kann ihn doch nicht einfach bellen lassen. Als neuestes Spiel hat er sich ausgedacht, seine Decke und sein Kissen vom Balkon auf die Wiese zu schleppen, natürlich nicht, ohne beides zuvor noch schön zu zerrupfen. Kaum trage ich alles wieder an seinen Platz, beginnt das Spiel von neuem. Wenn ich ihm das Kissen wegnehme, muß er hart liegen. Das aber bringe ich nicht übers Herz. Als habe er es darauf abgesehen, mich heute zum Wahnsinn zu treiben, trägt er, als ich mittags Gäste habe, deren Schuhe unters Haus. Um das Ärgernis zu verstehen, muß man wissen, daß das Haus auf Pfählen steht, die gerade hoch genug für Mirus sind, ein Mensch aber muß auf allen Vieren kriechen und dabei noch aufpassen, daß er sich an den Balken unter dem Haus nicht den Kopf stößt. Auf Hawaii ist es üblich, daß die Menschen ihre Schuhe ausziehen, bevor sie ein Haus betreten. Als meine Gäste gehen wollten, standen sie ohne Schuhe vor der Tür. Wir mußten also alle auf dem lehmigen nassen Boden entlangrobben und die Schuhe suchen. Für eine Strafe war es zu spät. In jedem Hundebuch steht, daß man den Hund nur dann strafen darf, wenn man das Tier bei der Tat erwischt, sozusagen in flagranti, da ein Hund sonst nicht begreifen würde, wofür er eigentlich bestraft wird. Ich schäume vor Wut und fühle mich ohnmächtig. Die Früchte der Erziehung sind winzig. Ich weiß nicht, wie es weitergehen soll.

27. Februar

Wir besuchen wieder Bill. Sein Haus liegt an einem wunderschönen, langgezogenen Strand, an dem man mit einem Hund noch spazieren gehen kann. An den meisten anderen Stellen ist es nämlich verboten. Aber es ist Wochenende und es sind noch viele Menschen im Wasser, obwohl ich bis zum späten Nachmittag gewartet habe. Ihre Kleider und Handtücher liegen im Sand. Das reizt natürlich Mirus. Ich kann es kaum glauben, auf wieviele schaurige Einfälle dieses kleine Hundehirn kommt. Denn was tut Mirus jetzt wieder?

Mit Volldampf fegt er den Strand entlang, um dort verstreute Sachen aufzulesen, Handtücher, Kleider, was er gerade packen kann. Alles trägt er zu Bill ins Haus. Ich renne hinter ihm her so schnell ich kann, schreie mir die Seele aus dem Leib, ohne jeden Erfolg, denn er läßt nichts fallen und bleibt auch nicht stehen. Das einzige, was ich machen kann, ist, mir so gut wie möglich zu merken, wo er was weggenommen hat, um es ihm zu Hause abzunehmen und wieder zurückzubringen. Unsere gemeinsamen Spaziergänge sind mir dadurch längst versaut. Genau genommen fürchte ich sie. Um solche Unannehmlichkeiten zu verhindern, gehe ich mit Mirus immer später an den Strand. Lustig ist das nicht. In einem Hundebuch habe ich gelesen, daß dies Geschenke sind, die der Hund seinem Menschen mit nach Hause bringt. So wie es in der Wildnis die Wölfe tun, indem sie den Welpen von ihren Raubzügen Futter mitbringen. Ich darf ihn also wieder einmal nicht bestrafen, denn wie soll er verstehen, daß ich sein Geschenk nicht dankbar annehme.

29. Februar

Heute wurde Mirus kastriert. Ich habe ein schlechtes Gewissen.

Nichtsahnend sprang der Gute mit wedelndem Schwanz in den Wagen, bevor wir zum Tierarzt fuhren. Er dachte an die vielen Abwechslungen der vergangenen Tage. Selbst beim Arzt kamen ihm noch keine Zweifel, denn bisher hatte er dort noch nichts Unangenehmes erlebt. Und ohne Argwohn ließ er sich von der Sprechstundenhilfe in das Behandlungszimmer führen, wo er meinem Blick entschwand. Meine Gefühle waren, wie immer in einem solchen Fall, gespalten. Auf der einen Seite tat mir Mirus leid, auf der anderen Seite mußte es sein, je eher, je besser.

Und – alle Hundefreunde mögen mir vergeben – ich muß sagen, ich habe den Tag ohne ihn genossen. Ein Tag ohne erfolglose Hundeerziehung, ohne fortwährendes „no“, „no“. Ein Tag, an dem ich nicht gleich nach Hause flitzen mußte, um ihn nicht zu lange allein zu lassen, ein Tag, an dem ich ohne Eile einkaufen und zu Hause ohne Druck auspacken konnte. Ein Tag, an dem ich nicht in vorwurfsvolle

Augen blicken mußte, weil ich, anstatt mit ihm im Garten zu spielen, im Hause einige Dinge zu erledigen hatte, kurz ein Tag voll Harmonie, weil ich all die Dinge tun konnte, zu denen ich seit Wochen nicht gekommen bin.

Und dennoch ist Mirus immer bei mir. Den ganzen Tag denke ich an ihn, kann ihn nicht vergessen, stelle mir vor, wie er sich jetzt nach der Narkose fühlen muß, daß er Schmerzen haben wird, sich möglicherweise einsam fühlen und mich vermissen wird. Bei diesen Gedanken schmilzt mein Herz dahin, und ich nehme mir vor, ihn morgen so früh wie möglich aus der Klinik abzuholen. Eine Nacht muß er beim Tierarzt bleiben.

Um mich von all den Hundetrainingsbüchern, die nichts nutzten, zu entspannen, lese ich ein Katzenbuch und komme an die Stelle, an der der Autor erzählt, wie er sich gerade in der Nacht der Kastration seines Katers unendlich einsam fühlte, wie er spürte, wie sehr er an dem Kater hing.

Das kann ich von mir nicht sagen. Ich empfinde die plötzlich eingetretene Ruhe eher als Segen. Und dennoch verbindet mich etwas mit diesem Hund, denn sonst würde ich nicht ohne Unterlaß an ihn denken. Mir wird klar, daß nicht ich den Hund, sondern der Hund mich beherrscht. Nicht er versucht mir zu gefallen, sondern ich ihm. Denn ich fühle mich schuldig, wenn ich nicht mit ihm spazierengehe, ich fühle mich schuldig, wenn ich ihm nicht dauernd Abwechslung verschaffe oder mit ihm spiele. Ich fühle mich ihm fortwährend verpflichtet. Ich habe Angst wegzugehen, wenn ich ihn nicht mitnehmen kann, also bleibe ich zu Hause. Oder wenn ich wirklich gehen muß, geht es nur, wenn ich ihm einen Markknochen warm mache und vor die Hintertür lege. Bis er ihn dann ausgelutscht hat, habe ich Zeit, schnell ins Auto zu steigen und wegzufahren. Ich stehle mich sozusagen weg. Hört er mich allerdings, dann ist er sofort da, springt an mir und dem Auto hoch, um seinem Willen Nachdruck zu verleihen.

Er kontrolliert mich, nicht ich ihn. Ich tue, was er will, und reibe mich dabei auf. So kann es nicht weitergehen. Ich muß fähig werden, den Spieß umzudrehen.

1. März

Wie auf ein geheimes Zeichen rufen alle meine Freunde an, um mir Mut zu machen. Sie sagen, Mirus sei noch jung, acht Monate seien einfach kein Alter und natürlich würde er noch lernen, was er wissen muß, und ganz bestimmt sei ich auch fähig, ihn zu erziehen. Ich schöpfe also wieder neue Hoffnung und hole Mirus beim Tierarzt ab. Alle dort haben ihn gern. Die Arzthelferin sagt, er habe sich sogar im Käfig noch auf den Rücken gelegt und mit dem Schwanz gewedelt. Und ich muß sagen, wenn ich nicht wissen würde, daß es geschehen ist, ich würde denken, der Arzt hat vergessen, ihn zu kastrieren. Denn Mirus ist weder beleidigt noch schwach, er tut, als sei nichts gewesen. Zur Feier des Tages gehen wir zusammen essen, Reis und etwas Fisch. Er frißt langsam und manierlich und ist anschließend glücklich und zufrieden.

6. März

Manchmal geschehen noch Wunder. Mirus ist der allerliebste Hund. Fast alle seine Unarten sind von heute auf morgen von ihm abgefallen. Es scheint, als habe es sie nie gegeben.

Wolfgang ist einige Tage früher als geplant zurückgekommen und versetzt mich damit zunächst in helle Aufregung. Jetzt helfen keine

Das erste Frühstück ist schwer zu knacken.

Privatstunden mehr beim Trainer, keine Versuche, dem Hund etwas beizubringen. Mirus muß zeigen, daß er ein braver Hund ist.

Und genau das tut er. Er macht kein Theater, wenn wir ohne ihn weggehen wollen und stört auch morgens nicht. Er schaut kurz ins Schlafzimmer, und wenn wir noch nicht wach sind, dann geht er in den Garten und nagt an einer Kokusnuß, bis wir aufstehen.

Mirus ist keine Plage mehr, sondern ein Familienmitglied, an das sich Wolfgang unmerklich gewöhnen kann.

Als wir heute vom Flohmarkt nach Hause kommen, springt uns Mirus freudestrahlend entgegen. Ich streichle ihn und sage im Spaß: „Ja, wer ist denn das? Wer ist denn da so lieb?“ Worauf Wolfgang antwortet: „Weißt du, wer das ist? Das ist unser Hund!“ Das „unser“ klingt wie Musik in meinen Ohren. Ich behalte meine Freude aber für mich. Mirus muß einfach Zeit bekommen, das Herz von Wolfgang zu erobern. Das geht bei einem Hund nicht so schnell wie bei einem Kätzchen, das allein schon durch seine Ästhetik entzückt. Ein Hund muß sich da viel mehr anstrengen.

8. März

Um halb sieben in der Früh bellt es. Es reißt mich aus dem Bett, denn nun, so fürchte ich, kommen die alten Unarten wieder zum Vorschein. Ich gehe sofort auf den Balkon, um Mirus zu beruhigen. Bellen könnte seine Chance verringern, bei uns bleiben zu dürfen. Aber Mirus hatte gute Gründe für sein Bellen. Die Phillipinos sind gekommen, um im Garten zu arbeiten. Er hat angeschlagen, um sie anzukündigen, und dafür muß man ihn loben. Auch Wolfgang gibt ihm recht, so daß der Gute mit vor Stolz geschwellter Brust dasitzt und unsere Huldigung entgegennimmt.

Das Stehlen hat er sich allerdings noch nicht abgewöhnt. Fleißig trägt er jeden Schuh, den er kriegen kann, unters Haus, so daß uns nichts anderes übrig bleibt, als alle Schuhe mit ins Haus zu nehmen. Und wehe, wir vergessen einen, der ist mit Sicherheit weg. Wolfgang wiederholt zwar dann immer wieder, daß er niemals einen Hund wollte, und daß ich einen Platz für Mirus suchen müßte. Da ich aber keinen Platz finde, bleibt stets alles beim alten. Natürlich ist es unangenehm, daß Mirus alles wegträgt, aber ich hoffe, daß sich auch das noch ändern wird, wenn er erst etwas älter ist.

Jetzt bin ich ein Wachhund.

13. März

Sobald Mirus mit Wolfgang allein ist, verkriecht er sich. Er geht auch nicht mit ihm allein spazieren. Ich muß immer mitgehen. Ich vermute, daß er als Hundebaby von einem Mann mißhandelt worden ist, denn er hat Angst vor Männern, nicht nur vor Wolfgang. Wenn er einen Mann sieht, versteckt er sich zuerst hinter mir und wartet ab. Wenn er dann sieht, daß der Mann freundlich ist, läßt er sich von ihm streicheln. Aber nur, wenn ich daneben stehe. Es ist rührend, wie sehr er mir vertraut. Offensichtlich glaubt er, daß ich ihn vor Männern schützen kann. Er läuft auch niemals Wolfgang nach, wie mir. Das ist gut, denn ich weiß aus eigener Erfahrung, wie sehr einem das auf die Nerven gehen kann, wenn man es nicht gewohnt ist.

17. März

Da Mirus seit Tagen Haare verliert und eine kahle Stelle im Fell hat, gehen wir zum Tierarzt. Er hat Flöhe. Ich habe allerdings niemals mehr einen Floh auf ihm gesehen. Der Tierarzt erklärt das mit dem schwarzen Fell. Darauf seien die Flöhe nur schwer zu erkennen. Der Arzt pudert ihn, worauf ein Floh auch gleich das Weite sucht. Da diese Plagegeister springen, kann ein einziger den Hund so irritieren, daß er sich überall kratzen muß. Das Resultat sind Hautschorf und Haarausfall.

Als wir nach Hause kommen, dämmert es schon. Ich fahre dennoch mit Mirus in den Park, um ihm Gelegenheit zu geben, sich auszulaufen. Er kann es kaum erwarten und hüpft schon, wenn wir nur in die Nähe des Geländes kommen, vor Freude auf seinem Polster herum. Sobald ich die Tür öffne, ist er mit einem Riesensatz draußen. Wie ein Windhund rennt er durch den Park und überschlägt sich fast vor Begeisterung. Ich laufe gern mit ihm, weil es herrlich ist, ihm zuzusehen. Wenn wir nach Hause kommen, bekommt er meist noch einen Leckerbissen, heute war es Rindfleisch mit Reis. Dann ist die Welt für ihn in Ordnung, und er schafft es sogar, mich aus den Augen zu lassen, um auf seinem Platz zu schlafen. Das ist gut so, denn er muß wissen, daß ich nicht verschwinde, auch wenn er mich nicht dauernd beaufsichtigt. Wenn erst einmal seine Angst weg ist, daß er mich verlieren könnte, wenn er nicht dauernd an meinen Fersen hängt, wird es sicher einfacher werden, mit ihm zusammenzuleben.

19. März

Welch ein Glück, daß Wolfgang heute verreist ist. Wenn er sehen würde, was Mirus angestellt hat, wäre er ziemlich sauer. Und ich dürfte mich auf den dann stets kommenden Spruch gefaßt machen, daß er niemals einen Hund wollte, und ich für Mirus ein neues Zuhause suchen soll. Das aber kommt für mich schon längst nicht mehr in Frage, da ich diesen Gauner liebe und ihm alle Missetaten vergebe, auch wenn sie mich nerven. Was hat er also dieses Mal verbrochen? Während ich in der Stadt war – schließlich nicht nur meines Vergnügens wegen, sondern auch um sein Fressen dabei zu besorgen –, hat er sein wunderschönes Kissen zerfetzt, die aus Schaumstoffstückchen und Cedar bestehende Füllung freigelegt und verstreut. Cedar ist eine Holzart, deren Geruch die Flöhe vertreiben soll. Als ich nach Hause komme, sehe ich also rund um den Balkon den Inhalt des Kissens ausgestreut. Das hat mich schon geärgert, denn diese Kissen sind teuer, und da man den inneren Bezug nicht einzeln kaufen kann, muß ich einen neuen nähen lassen. Das äußere Kissen kann ich vielleicht richten, aber der Rest sind nur mehr Fetzen. Solange er alles herumschleppt, zerfetzt und zerbeißt, hat die Reparatur vermutlich wenig Sinn. Ich bin natürlich sauer und sage es ihm auch. Dennoch will ich nicht ins Bett gehen, ohne mich wieder mit ihm zu versöhnen, da er sonst vielleicht zu traurig ist. Deshalb setze ich mich mit ihm auf die Bambusliege, die auf der Terrasse steht, streichle ihn und erkläre ihm alles noch einmal in aller Ruhe. Dabei fällt mein Blick zufällig auf die Armlehne. Ich erstarre. Mirus hat sie angenagt. Ich sehe Wolfgang vor mir, der alle diese Untaten nicht so tolerant hinnehmen kann wie ich. „Ein Hund stört fortwährend das geruhsame Leben“, hat er mir kürzlich erst erklärt. Recht hat er, und doch ist für mich alles anders. Ich habe Mirus nicht ins Haus geholt, er ist von selbst gekommen. Also ist das für mich eine Fügung des Schicksals. Und dem darf man sich nicht verweigern. Was hätte ich auch tun sollen? Den Armen ins Tierheim geben, wo er innerhalb kurzer Zeit vergast wird, wenn ihn niemand nimmt? Ihn zu anderen Menschen geben? Zu wem? Wer will schon einen unerzogenen Hund?

Für mich ist Mirus eine Aufgabe, die mir vom Schicksal gestellt wurde. Die muß ich lösen. Das heißt, ich muß lernen, mit einem Hund zurechtzukommen. Das Ergebnis muß sein, daß sich sowohl der Hund als auch wir uns wohlfühlen. Wolfgang glaubt nicht an das Schicksal. Er würde nicht zögern, Mirus wegzugeben, wenn er sein Leben stört. Ich muß mit dem Trainer sprechen, um zu erfahren, was ich noch tun kann. Sicher gibt es noch schlimmere Hunde, aber das ist kein Trost für mich. Ich will unseren Frieden. Ich versuche die Rattanliege zu flicken und neu zu lackieren. Anschließend sprühe ich sie mit einem Hundeabwehrspray ein, damit Mirus die Lust verliert, daran zu nagen.

Zu allem Übel regnet es seit einer Woche, so daß ich fortwährend am Waschen bin. Mirus hat ständig schmutzige Pfoten, die er an allem abputzt, was sich ihm bietet.

23. März

Die Lage hat sich entspannt. Seit Wolfgang von seiner Reise zurück ist, ist er, ich weiß nicht warum, dem Hund gegenüber toleranter. Das heißt, er besteht nicht mehr bei jedem Ärger darauf, daß Mirus weg muß. Das macht mir das Leben natürlich leichter, weil ich nicht mehr bei jeder Untat, die Mirus begeht, den Atem anhalten und um seine Zukunft kämpfen muß.

24. März

Heute früh ist wieder der Teufel los. Mirus hat seine Kissen – wie kürzlich erst – total zerfetzt und den Inhalt über den ganzen Balkon verteilt. Unglücklicherweise hat es Wolfgang vor mir gesehen, so daß ich keine Chance hatte, die Bescherung noch schnell zu beseitigen. Er schimpft wie ein Rohrspatz und zwar hauptsächlich über mich, weil ich Mirus zwei unserer Kissen in sein Schlafkissen getan habe. Aber was hätte ich tun sollen, nachdem er seins total zerrupft hatte und ich zwischenzeitlich kein neues besorgen konnte? Ich kann es einfach nicht sehen, daß Mirus kein Bett hat. Ich kehre also den Balkon sauber und schimpfe mit Mirus, der den Schwanz einzieht und mich wenigstens nicht am Aufräumen hindert.

Glücklicherweise soll heute seine Matratze fertig werden. Die kann man so falten, daß sie wie ein hohes Bett aussieht, auf dem er Platz hat, sich auszustrecken. Für diese Matratze lasse ich eine Hülle aus Imitationsfell mit einem Reißverschluß nähen, damit ich sie abziehen und waschen kann. Der Fellstoff ist so stabil, daß Mirus ihn bestimmt nicht zerfetzen kann. Zudem bin ich sicher, daß er die Matratze auch nicht aus der Umhüllung herausziehen kann. Ich muß diesen Burschen doch überlisten können, auch wenn er noch so findig ist!

26. März

Mirus hat seine Abschlußprüfung in der Hundeschule bestanden. Wolfgang hat sich fast totgelacht, denn Mirus hat, wenn überhaupt, alles nur halb getan. Natürlich ist dies meine Schuld, denn ich habe ihn niemals hart genug angefaßt. Er liebt mich zwar heiß und innig, aber er hat keinen Respekt vor mir, sondern weiß, daß er mich um den Finger wickeln kann.

29. März

Mirus hat gesiegt. Seit einigen Tagen steht fest, daß er bleiben darf. Wenn er seinen Herrn ärgert, spürt er es auf seinem Hintern. Ich bin sehr erleichtert. Endlich muß ich nicht mehr um seine Zukunft zittern. Wenn Mirus Wolfgang sieht, steht er auf und wedelt mit dem Schwanz. Kurz, er hat erkannt, daß er nicht nur mir, sondern auch Wolfgang dienen muß, wenn man bei seinem Benehmen überhaupt von Dienen reden kann. Mir scheint eher: Wenn hier einer dient, bin ich es. Immer wieder versuche ich, es allen recht zu machen.

31. März

Mirus hat Wolfgangs Herz gewonnen. Es ist sein Blick, die Art, sich vor Wolfgangs Füßen niederzulassen und die Freude, die Mirus verbreitet, wenn wir ihn mitnehmen. Es ist unserem Hund auch ziemlich egal, wo es hingeht. Wichtig ist für ihn allein, daß er dabei sein darf. Geduldig wartet er im Auto, wenn wir einkaufen gehen. Selbstverständlich stelle ich den Wagen dann in eine Parkgarage und drehe die Fenster herunter. Stehlen wird den Mirus sowieso keiner, da er groß ist und gefährlich aussieht, wenn er knurrt.

Seit heute trägt Mirus eine Marke an seinem Halsband. Wir haben ihn angemeldet. Es ist ein Hawaiianer in deutscher Hand.

Jetzt ist es amtlich.

Sollte er jemals verlorengehen, trägt diese Nummer zu seiner Identifizierung bei.

Und als ob Mirus es fühlen würde, daß er jetzt ein sicheres Zuhause hat, benimmt er sich ganz locker und frech, kommt nicht, wenn man ihn ruft, leert, wenn wir am Strand mit ihm spazierengehen, sämtliche Mülltonnen, und frißt jeden Knochen, der irgendwo herumliegt, auch wenn ich es ihm verbiete. Einerseits freut mich diese Unbekümmertheit, denn seine seelische Gesundheit liegt mir sehr am Herzen, auf der anderen Seite ist es lästig und manchmal auch gefährlich. Denn wie soll ich Mirus beschützen, wenn er nicht auf mich hört?

5. April

Die Zeit vergeht so schnell. In vier Wochen muß ich Abschied nehmen von meinem Hund. Ich überlege mir schon lange, was mit Mirus geschieht, wenn ich nach Deutschland zurück muß.

Von meinen Freunden kann ihn keiner nehmen, denn keiner hat die Zeit und die Nerven, die dazu nötig sind, um mit Mirus fertigzuwerden.

Im Grunde bleibt nur die Möglichkeit, ihn bei einem Hundetrainer in Pension zu geben, der ihn trainiert und liebt, während wir in Deutschland sind. Mirus muß Disziplin lernen, und ich bin offensichtlich nicht fähig, sie ihm beizubringen. Ich bin nicht streng und auch nicht konsequent genug. Mich langweilt, wenn ich mit ihm üben muß, und mich schmerzt, wenn ich ihn züchtigen soll. Ein gutes Hundetraining dauert hier ca. vier bis sechs Monate. Während dieser Zeit wohnen die meisten Hunde beim Trainer. Nur wenige bringen sie täglich und holen sie dann wieder ab. So gesehen würde Mirus das Schicksal aller

Süße Hundeträume …

anderen Hunde teilen, die die Hundeschule besuchen. Das Problem ist nur, wie finde ich den richtigen Trainer, denn ich möchte, daß er meinen Hund auch liebt und ihn in seine Familie aufnimmt, da Mirus länger bei ihm sein wird als die anderen Hunde. Mirus soll Familienanschluß haben und nicht im Zwinger gehalten werden.

9. April

Ich habe mit verschiedenen Hundepensionen Kontakt aufgenommen und herausgefunden, daß die Unterbringung allein so teuer wäre, daß ich mir die Gebühren für die Trainingsstunden nicht mehr leisten könnte. Mirus aber bloß unterzubringen, erscheint mir nicht nur sinnlos, weil er dann in der ganzen Zeit nichts lernt, es ist mir auch nicht recht, weil die Gefahr besteht, daß er dann mehr oder weniger nur in seinem Käfig sitzt. Das aber will ich auf keinen Fall, denn ich möchte sein Vertrauen und seine Hoffnung, die er in mich setzt, nicht enttäuschen. Ich will nicht, daß er sich verlassen fühlt, wenn ich gehen muß. Wenn ich ihn nur immer mitnehmen könnte!

Aber das Gesetz hier bestimmt, daß Hunde und Katzen wegen der Tollwutgefahr vier Monate in Quarantäne müssen. Und damit muß ich leben.

10. April

Ich hätte nicht gedacht, daß ich jemals einen Hund so lieben könnte. Jetzt kommt er mir auch nicht mehr vor wie ein Haufen ungelenker Knochen, wenn er in meinem Arm liegt. Wenn ich seinen Kopf betrachte, seine lange Schnauze, das weiche Maul und den faltigen Hals, wenn ich in seine klugen Augen sehe, dann kommt mir sein Gesicht so ungemein vertraut vor, wie das eines alten Freundes. Dann bin froh, daß ich ihm helfen konnte, daß er nicht mehr leiden muß. Man kann natürlich sagen, wie kann ein Mensch so viele Gedanken an ein Tier verschwenden, solange es Menschen gibt, die leiden. Was ist das Leiden eines Tieres verglichen mit dem Leiden eines Menschen?

Da möchte ich mit Konrad Lorenz sprechen, denn schöner als er kann ich es auch nicht sagen: „Der Hund verdient es, daß man sich um ihn sorgt und alles für ihn tut, da er sich dem Menschen gibt. Und dafür muß er alles, was dem Menschen möglich ist, an Fürsorge bekommen. Sonst betrügt der Mensch den Hund.“

11. April

Vor unserer Eingangstür und an der Terrassentür sind im Zement Abdrücke von Hundepfoten zu sehen. Als sie mir das erste Mal auffielen, dachte ich noch, wie eigenartig, das Schicksal muß sich geirrt haben, denn in diesem Haus wird niemals ein Hund wohnen. Katzen ja. Wenn ich Katzenpfoten gesehen hätte, hätte ich gelacht und gedacht, eine Fügung des Schicksals, es weiß es schon, daß in diesem Haus ganz bestimmt mal Katzen leben werden, denn ich bin ein Katzenmensch. Ein Leben ohne Samtpfoten erscheint mir leer und traurig. Das Ferienhaus, das muß ich noch sagen, ist neu erbaut. Vor uns hat noch niemand darin gelebt. Und dennoch die Hundepfoten! Jetzt, in der Rückschau, erscheinen mir diese Zeichen ganz weise, denn in diesem Haus wohnt nun ein Hund.

13. April

Welch gute Nachricht! Larry hat mich angerufen und mir das Angebot gemacht, Mirus bei sich aufzunehmen. Er will für ihn sorgen und ihn trainieren und das alles für einen Preis, den ich mir leisten kann. Larry trainiert die Hunde für die TV-Serie „Magnum", die auf Hawaii spielt. Er ist ein Freund von Thomas, meinem Friseur. Ihm habe ich es zu verdanken, daß Mirus nun zu Larry gehen darf, denn Thomas hat mit Larry gesprochen und ein gutes Wort für mich eingelegt.
Mir fällt ein Stein vom Herzen. Jetzt kann ich sicher sein, daß Mirus während meiner Abwesenheit artgerecht und liebevoll versorgt und erzogen wird.

15. April

Ich kann nur froh sein, daß Mirus bald zu Larry kommt, denn daß er nicht auf mich hört, kann für ihn den Tod bedeuten. Wir haben im Garten giftige Kröten, mit denen Mirus gerne spielt und die er offensichtlich abschleckt oder beißt. Wenn er das tut, quillt aus seinem Maul fortwährend Schaum. Man kann ihm dann nur helfen, indem man schnell mit einem Schlauch Wasser in seine Schnauze spritzt. Mirus verkriecht sich aber in solchen Fällen verschämt unter das Haus. Ich kann ihn dann nur mit einem Trick überlisten. Wenn ich die Autotür zuschlage, kommt er hervor, weil er mitfahren will. So gelingt es mir, ihn anzuleinen, um ihm den Mund auszuspülen. Fest steht, daß er an dem Krötengift sterben kann. Dreimal habe ich die gefährliche Situation bisher mit ihm erlebt. Die Kröten kommen meist erst am Abend raus. Tagsüber besteht kaum Gefahr. Ich wünschte, ich könnte Mirus nachts mit ins Haus nehmen, doch nach wie vor ist das nicht möglich.

16. April

Als ich heute früh den herrlichen Sonnenaufgang betrachte, sehe ich voll Erstaunen, daß Mirus Besuch hat. Des Nachbars Hunde haben offensichtlich bei Ebbe einen Morgenspaziergang gemacht. Besonders Kahua, das Hundebaby, liebt Mirus heiß und innig. Wahrscheinlich war er es, der sich auf den Weg gemacht hat, um Mirus zu suchen. Die beiden Großen sind ihm gefolgt, um Kahua zu beschützen. Mirus ist selig. Das ist ein Morgen nach seinem Geschmack. So müßte für ihn jeder Tag beginnen. Er tobt mit Kahua im schlammigen, seichten Wasser und sieht bald aus wie ein Schwein. Kahua quietscht vor Vergnügen, und ich lege schon den Schlauch zurecht, denn nach dem Spiel werden alle eine Dusche nötig haben. Das Salzwasser muß abgespült werden.

18. April

Ich stelle immer wieder fest, daß Mirus Gesellschaft liebt. Dafür bringt er auch Opfer. Kahua kommt jetzt täglich und nimmt Mirus seine Knochen weg. Besonders mag er die gefüllten Kauknochen. Mirus läßt es geschehen. Er legt sich daneben und schaut zu, wie sich der Kleine vergnügt das einverleibt, was eigentlich ihm gehört. Ihm ist auch gleich, ob er den Knochen bei uns im Garten frißt, oder nur kommt, um ihn geschwind zu schnappen und nach Hause zu tragen. Mirus läßt den Kleinen gewähren.

Vermutlich ist er nur so großzügig, weil Kahua noch ein Baby ist. Ich jedenfalls freue mich, einen so spendablen Hund zu haben, auch wenn das für mich teuer wird, denn die Knochen, die Kahua wegträgt, muß ich nachkaufen, damit Mirus nicht zu kurz kommt.

19. April

Schlimm ist es immer, wenn ich Termine habe und deshalb zu einem bestimmten Zeitpunkt von zu Hause weg muß. Heute ist das so. Ich will mit Mirus Larry besuchen, damit sich die beiden kennenlernen. Nach dem Aufstehen schmuse ich noch wie gewohnt mit Mirus, mache mich fertig und rufe ihn. Aber keine Reaktion …

*Pfui –
du Dreckspatz!*

Weit und breit ist kein Hund zu sehen. Das gibt es doch nicht, denke ich, denn das hat er noch nie gemacht, er ist noch niemals verschwunden. Ich schaue unters Haus, nichts. Natürlich steigt sofort die Angst in mir hoch, daß er in der Zwischenzeit wieder auf eine Kröte gebissen haben könnte und sich eventuell verkrochen hat. Doch auch in solchen Fällen ist er bisher allenfalls unters Haus gegangen. Was also soll ich tun? Vielleicht ist er zum Nachbarn gelaufen, um Kahua zu besuchen. Das hat er zwar noch nie gemacht, aber für alles gibt es ja ein erstes Mal. Ich ziehe also meine Strandsocken mit den dicken Sohlen an, um mich im Schlamm nicht mit Glasscherben zu verletzen und wate zu Earnie rüber. Und wenn sehe ich dort, selbstvergessen und glücklich, im Spiel mit Kahua?

Meinen Hund, der aussieht wie ein Ferkel, das sich gerade im Schlamm gewälzt hat. Ich seufze, denn eigentlich müßten wir schon im Auto sitzen, um pünktlich bei Larry zu sein. Aber was bleibt mir anderes übrig – ich muß Mirus waschen, denn so wie er aussieht, kann er nicht in den Wagen. Mit Verspätung treffen wir dann doch bei Larry ein. Ich atme auf, als ich ihn sehe, denn er ist ein liebenswürdiger, sanfter Mann, der Mirus aufmerksam betrachtet. Er erkennt sofort, daß das kein aggressiver Hund ist, sondern einer, der zu gefallen sucht und alles aufmerksam verfolgt, was um ihn herum geschieht. Ich sage Larry, daß ich keinen Wachhund wünsche, sondern einen Kameraden, der sich zu benehmen weiß. Mirus wird bei Larry immer viele Spielgefährten haben, denn naturgemäß wimmelt es dort von Hunden. Das wird Mirus trösten, das wird ihn ablenken und ihm über unsere Trennung hinweghelfen.

Natürlich wird der Abschied dennoch herzzerreißend werden, weil ich ihm ja nicht sagen kann, daß ich wiederkomme. Oder vielleicht doch. Ich sollte es wenigstens versuchen. Vielleicht kann er vielmehr verstehen, als wir alle glauben. Wenn bewiesen ist, daß das Unterbewußtsein eines Menschen zum Beispiel während einer Operation Gespräche speichert, die die Ärzte führen, wieso soll dann nicht das Unterbewußtsein von Mirus meine Suggestionen aufnehmen, wenn ich sie ihm kurz vor dem Einschlafen sanft eingebe. Er liegt dann immer so entspannt in meinen Armen, daß sein Unterbewußtsein bestimmt empfänglich ist.

Wolfgang hat gerade aus München angerufen. Die Kätzchen machen mit ihm, was sie wollen. Nachts um drei kommen sie über die Katzenleiter zu ihm ins Schlafzimmer und maunzen vergnügt, um anzuzeigen, daß sie da sind. Wenn er dann nicht dementsprechend reagiert, das heißt, aufsteht und sie füttert, setzt sich Placidus, unser mit der Flasche aufgezogener Kater, mit seinem wohlgenährten Po auf sein Gesicht, um seinen Wünschen Nachdruck zu verleihen. Das hat bei Wolfgang zwar auch nicht die Wirkung, die sich Placidus davon verspricht, denn der denkt nicht dran, ihm jetzt noch Küken zu geben – und nur darum geht es, denn Trockenfutter steht immer da. Aufstehen aber muß Wolfgang doch, um den kleinen Quälgeist in sein Zimmer zu bringen.

Die Enten haben Brautzeit. Wolfgang erzählt mir, daß Legata, unser schwarz-weißes Katzenmädchen, das bei unseren Katzen so beliebte Spiel spielen wollte: „Wie ärgere ich die Enten". Aber der Erpel eines Mandarinenenten-Pärchens habe sich aufgerichtet und einen solchen Drohton von sich gegeben, daß Legata vor Schreck nur noch flüchten konnte. Eins zu null für den Enterich. In den Augen seiner Liebsten ist er nun ein Held.

Abends sitzt Legata auf Wolfgangs Schoß. Das ist ganz ungewöhnlich, denn meist geht sie in ihr Körbchen. Aber das zeigt, daß meine Freundin Gery recht hat, die mir immer schon erklärt hat, daß sich bei einer Katze alles immer wieder ändern kann. Auch eine vornehme Katze wie meine Legata kann sich vergessen und zu einem Schmusekätzchen werden. Es fragt sich nur, für wie lange.

20. April

Ich war mit Mirus in der Stadt, um Besorgungen zu machen. Er hat so brav im Auto auf mich gewartet, daß ich auf dem Rückweg an einem schönen langen Strand anhielt, um ihn laufen zu lassen.

In dieser Gegend haben meist Einheimische ihr Häuschen. Es wimmelt von herrenlosen Katzen. Hier hat man wohl nicht den rechten Sinn für ihre hungrigen kleinen Mägen, sondern ärgert sich, weil sie auf der Suche nach etwas Eßbarem den Inhalt der Mülltonnen auf der Straße verteilen, was natürlich nicht gerade appetitlich aussieht. Aber anstatt die Katzen zu füttern, um sie zahm und anhänglich zu machen, läßt man sie darben und ärgert sich täglich über sie. Ich

Zwei mißtrauische Augen.

kann die hungrigen Augen der Tiere nicht sehen und habe immer Katzenfutter im Auto.

Scheu blicken mich drei Augenpaare an, als ich Trockenfutter auslege. Ich muß zurücktreten, damit sie sich herantrauen. Da sitzen sie nun, ein jedes vor seinem Häufchen Katzenfutter, und fressen. Zwischendurch blicken sie mich ungläubig an. Sie können es nicht fassen, daß es einen Menschen gibt, der sie nicht wegjagt, nicht mit ihnen schimpft, sondern Gefallen daran findet, sie satt und glücklich zu machen.

Ich glaube nicht, daß die Menschen schlecht sind, die hier wohnen, sie denken vermutlich nur nicht daran, daß Hunger weh tut und erkennen nicht, daß sie eine Verpflichtung gegenüber diesen Kreaturen haben. Wilde Katzen, denken sie, gingen sie nichts an. Das stimmt aber nicht, denn die Tiere leben in ihrem Umfeld und sind in gewisser Hinsicht auf den Menschen angewiesen. Deshalb ist es nicht recht, sich dieser Verantwortung zu entziehen. Sie könnten und sollten den Kätzchen helfen, indem sie sie füttern und zum Impfen bringen und selbstverständlich auch kastrieren lassen, damit sie sich nicht unkontrolliert vermehren.

23. April

Gerade habe ich in das seligste Hundegesicht gesehen, das mir jemals begegnet ist. Ich bin im Garten, als das Telefon klingelt. Um das Gespräch noch zu erwischen, springe ich schnell ins Haus und vergesse in der Eile, die Balkontür zu schließen. Während ich spreche, höre ich noch, wie Mirus ins Zimmer tappt, dann ist es totenstill. Nachdem ich mein Gespräch beendet habe, suche ich nach der Ursache für diese trügerische Ruhe. Als ich ins Schlafzimmer trete, bleibt mir die Sprache weg, denn mitten auf dem Bett liegt mit verklärtem Blick mein Mirus. Verzückt nuckelt er an meinem kleinen Kopfkissen, das ich schon in Fetzen sehe. Mirus Traum ist in Erfüllung gegangen. Er liegt in Frauchens Bett an Herrchens Stelle.

Natürlich weiß ich, was ich jetzt tun müßte, um ihn zu erziehen. Ich müßte ihn sofort aus dem Bett jagen. Aber ich kann es nicht, ich bringe es einfach nicht fertig. Und das Ergebnis ist, daß nicht der Hund schuldbewußt von dannen kriecht, sondern daß ich mich schuldig fühle, weil ich nicht fähig bin, mit ihm zu schimpfen. Wie kann ich es dulden, daß er sich in mein Bett legt? Gott sei Dank habe ich Mirus gerade heute früh gewaschen. Was für ein Glück. Wenn ich daran denke, daß er mit roten Sandpfoten oder lehmig schmutzigem Fell auf meiner schönen Löwendecke liegen könnte, bin ich eigentlich noch dankbar. Nach einer Weile raffe ich mich auf, ihn doch herunterzubitten. Er aber ist überhaupt nicht willig, sich seines Glückes berauben zu lassen. Er beißt vielmehr herzhaft in mein Kissen und

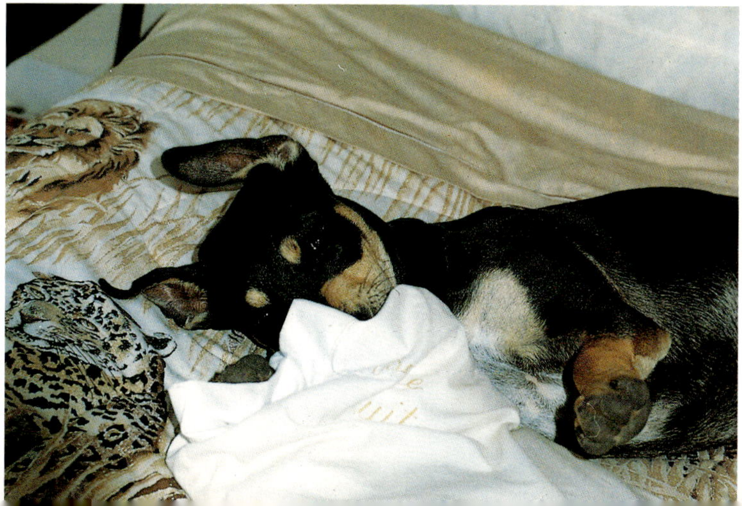

Verbotene
Bettgeschichten.

rutscht, wenn ich ihn auf eine Seite des Bettes ziehen will, an das andere Ende, so daß mir letztlich nichts anderes übrig bleibt, als ihn vom Bett zu tragen. Der Kerl wiegt immerhin 50 Pfund. Ich lege ihn behutsam auf sein Lager und mache ihm klar, daß ein Hund, der eine so schöne eigene Matratze hat wie er, nicht noch Frauchens Bett für sich beanspruchen darf. Doch Mirus gibt mir nicht recht. Er ist der Ansicht, daß man das nicht vergleichen könne, daß Frauchens Bett besser riechen würde, eben nach Frauchen, von der Nähe zu ihr ganz zu schweigen. Herrchen, so meint Mirus, habe den idealen Platz. Der würde ihm behagen, und da Herrchen jetzt nicht da sei, müsse er doch diesen Platz einnehmen dürfen. Damit würde er niemandem etwas wegnehmen, denn wenn Herrchen wiederkomme, würde er sich selbstverständlich sofort und ohne Murren wieder auf sein eigenes Lager zurückziehen.

Das aber glaube ich ihm nicht. Und das wäre sein Ende. Denn wenn Wolfgang eines auf den Tod nicht ausstehen kann, dann ist es, wenn jemand seinen Platz einnimmt. Er murrt schon, wenn ich zu Hause die Katzen füttere, bevor ich unser Essen mache. Aber das geht nicht anders, denn sonst stehen sie mir fortwährend zwischen den Füßen oder auf dem Küchentisch, und ich habe zum Schluß Katze im Topf – statt Gemüse. Nein, Wolfgangs Blick, wenn er Mirus in seinem Bett vorfände, den möchte ich mir gar nicht vorstellen. Also sag ich zu meinem Hund, nein, deine Argumente sind zwar sehr überzeugend, aber das Wagnis gehe ich nicht ein. Frauchens Bett *bleibt für dich tabu*! Ich habe Glück. Mirus insistiert nicht weiter, sondern legt sich auf seine eigene Matratze und schläft lächelnd ein. Ich könnte ihn leichter erziehen, wenn ich ihn nicht so gut verstehen würde.

24. April

Mirus benimmt sich sonderbar. Seine Stimmung ist gedämpft. Er ist nicht so spontan und fröhlich wie sonst. Und mir kommt der Gedanke, daß er vielleicht fühlt, daß wir bald Abschied nehmen müssen. Drei Tage sind es noch, die uns verbleiben. Ich habe angefangen, meine Koffer zu packen, und obwohl er dieses Symbol nicht kennt, scheint er darauf zu reagieren. Er hat schon von Natur aus einen so entsetzlich traurigen Blick. Wenn ich daran denke, wie er mir nachschauen wird, wenn ich ihn in drei Tagen bei Larry zurücklassen muß, dann bricht mir jetzt schon das Herz.

25. April

Im Gaskamin spielt sich gerade eine Tragödie ab. Oben im Abzugsschacht hat offenbar ein Vogel, der unserer Amsel ähnlich sieht, sein Nest gebaut. Jedenfalls piepst es verzweifelt. Die Jungvögel haben Hunger, aber sie warten vergebens. Ihre Mutter ist abgestürzt und sitzt im Rohr fest. Sie versucht zwar verzweifelt, nach oben zu gelangen, schafft es aber nicht. Sie hat nur einen Ausweg: Sie muß sich fallen lassen, damit sie unten im Kamin landet. Dort habe ich das Türchen geöffnet, durch das sie ausfliegen kann. Noch aber gibt sie nicht auf und versucht, in die Richtung zu gelangen, aus der das Zwitschern kommt. Ich kann nur hoffen, daß sie bald müde wird und ihr Widerstand erlahmt, damit sie in die rettende Tiefe fällt. Sie hat ohnehin bis jetzt schon viel Glück gehabt. Denn nur weil die Gasflasche undicht ist, habe ich in der letzten Zeit kein Feuer gemacht. Das hat ihr und ihrer Brut das Leben gerettet, denn sonst wären sie alle entweder jämmerlich erstickt oder verbrannt. Welch ein Glück auch,

Nochmal davongekommen!

daß das alles heute passiert und nicht etwa in zwei Tagen, wenn keiner mehr geholfen hätte. Endlich hat sich der Vogel fallen lassen und sitzt verschreckt unten im Kamin. Seine Brut piepst und läßt ihn nicht ruhen. Er sucht und findet den Ausgang. Jetzt gibt es nur noch eine Hürde. Er muß die offene Tür finden, die ins Freie führt. Noch einmal rastet er auf einem Balken. Der arme Kerl ist außer sich und nahe einem Herzschlag, so heftig atmet er. Doch dann, das Zwitschern der Kleinen läßt ihm keine Ruhe, rafft er sich auf und sucht das Licht. Schneller, als ich dachte, findet er den Weg und schwingt sich hinaus. Er hat es geschafft.

28. April

Ich bin in Chicago und habe drei Stunden Aufenthalt. Bevor ich weiterfliege, rufe ich Larry an, um zu erfahren, wie es Mirus geht. Keala, seine Frau, ist am Telefon. Sie kann mir keine schönere Nachricht sagen. Mirus liegt zu ihren Füßen. Sie haben ihn, damit er die Trennung besser überwindet, die letzte Nacht bei sich schlafen lassen. Das hat ihn bestimmt getröstet, denn es war ja seine allererste Nacht in einem Wohnhaus. Sie haben mir meinem Wunsch erfüllt.

Ich war den Tränen nahe, als ich ihn vorgestern zu Larry brachte, um Abschied von ihm zu nehmen. Larry hat mich getröstet und mir versprochen, gut für ihn zu sorgen. Er wolle Pate sein und Mirus glücklich machen.

Keala erzählte mir noch, daß Mirus gestern auf mich gewartet habe und immer ans Fenster gegangen sei, um zu sehen, ob ich nicht bald kommen würde. Schließlich aber habe er das Warten aufgegeben und sich in sein Schicksal ergeben. Deshalb hätten sie ihn auch im Haus behalten. Er sei so sanft und lieb gewesen.

Als ich Larrys Häuschen gestern betrat, um Mirus zu übergeben, saß sein Dobermannweibchen auf dem schönen, breiten Sofa und sah mich aus strahlenden Augen an. Mir wurde gleich warm ums Herz. Wer seinen Hund auf der Couch sitzen läßt, sollte auch ein Herz für meinen armen Mirus haben. In Larrys Haus wohnen außer ihm und seiner Frau, die beiden Töchter und ein Enkelkind. Das kleine Mädchen ist ein Jahr alt. Es kam auf wackligen Beinen zu Mirus gerobbt, um ihn zu begrüßen. Es hatte überhaupt keine Angst vor ihm, und Larry bringt dem Kind bei, mit dem Hund richtig umzugehen. Außerdem war noch ein Hundebaby Gast im Haus. Kein Wunder, daß Mirus entzückt war, denn nach mir und Wolfgang liebt er am meisten Hunde. Er schleckte seine neuen Genossen auch gleich kräftig ab und war selig, bei Larry zu sein. Endlich war er im Wohnhaus, im Mittelpunkt des Geschehens und nicht durch Scheiben getrennt. Ich kann Mirus ja so gut verstehen. Er wird sich bei Larry nicht verlassen fühlen, dazu ist einfach zuviel los. Und er wird Larry begleiten dürfen. Er wird immer mit ihm sein und mit seiner Hündin spielen. Ich weiß ganz genau: Mirus wird bei Larry nicht leiden.

28. Januar

Neun Monate sind inzwischen vergangen. Wir sind auf dem Flug nach Hawaii. Morgen werde ich Mirus wiedersehen. Und natürlich brennt in mir die Frage: Wird er mich noch erkennen und sich über meine Rückkehr freuen? Ich jedenfalls kann es kaum erwarten, ihn in meine Arme zu nehmen und zu hören, wie es ihm in der Zwischenzeit ergangen ist. Larry ist leider kein Typ, der schreibt. Das bedaure ich sehr, denn natürlich hätte ich allzugerne zwischendurch erfahren, wie Mirus sich verhält. Durch Bill, der Mirus von Zeit zu Zeit besucht, weiß ich, daß es ihm gutgeht. Bill schreibt zwar auch nicht, aber er ruft an, so daß ich nicht ganz ohne Nachricht geblieben bin.

29. Januar

Wir sind wieder vereint. Die Begrüßung bei Larry war rührend. Mirus kam direkt auf mich zu und warf sich in meine Arme. Er preßte sich an mich und rieb seine weiche, warme Schnauze an meiner Wange.

Als wir ins Auto stiegen, sah Mirus Larry hinterher, wie man einem guten, alten Freund nachblickt. Das hat mich gefreut, denn damit zeigte er mir, daß er auch an Larry hängt.

Mirus hat sein Zuhause nicht vergessen. Er braucht sich auch nicht umzustellen, denn wir wohnen wieder im selben Haus wie letztes Jahr. Und welche Freude, wir können alles liegenlassen. Er trägt

Endlich wieder zu Hause.

weder unsere Schuhe noch die Handtücher unters Haus, vielmehr sitzt er brav bei uns im Garten und abends bei uns im Haus zu unseren Füßen. Vorbei sind die Zeiten, in denen er alles anzuknabbern pflegte. Er benimmt sich wie ein wohlerzogener Hund. Wenn es Zeit wird, schlafenzugehen, zeige ich ihm sein Bett vom letzten Jahr auf dem Balkon. Mir wäre es zwar lieber, er könnte im Haus an meiner Seite schlafen, doch Wolfgang meint, wenn er schon einen Hund habe, obwohl er niemals einen Hund wollte, dann solle dieser wenigstens draußen schlafen.

In der ersten Nacht war für mich an Ruhe nicht zu denken, denn Mirus wanderte auf dem Balkon vor unserem Schlafzimmer unentwegt auf und ab, als würde er Wache schieben. Um Wolfgangs Schlaf nicht zu stören, brachte ich Mirus schließlich in die Waschküche, wo er sich augenblicklich auf sein Kissen legte und ruhig bis zum Morgen schlief.

30. Januar

So hätte es weitergehen können, doch Wolfgang wollte nicht. Mirus sollte seiner Ansicht nach auf dem Balkon schlafen. Damit er nicht herumwandern kann, habe ich seinen Schlafteil mit einem Kindergitter versperrt. Das half auch bis morgens um sechs. Dann hörte ich ihn kräftig gegen das Gatter treten und ließ ihn schnell ins Zimmer, um größeren Lärm zu verhindern. Denn natürlich durfte Wolfgang nicht gestört werden. Mirus legte sich auf das Kissen neben unserem Bett und war mucksmäuschenstill.

2. Februar

Wir verreisen für zwei Tage und bringen Mirus solange zu Larry. Als wir in die Nähe des Hauses kommen, zieht Mirus schon an der Leine. Er freut sich, Larry wiederzusehen. Im Haus wird er von allen mit lautem Hallo begrüßt, und Larry läßt seinen Hundefreund ins Zimmer. Die beiden hopsen fröhlich herum, und all die andern Hunde kläffen zur Gesellschaft mit. Mirus mag das. Ich bin aus ganzem Herzen froh, daß Mirus so viele Hundefreunde hat. Das kann ich ihm nicht bieten. Bei uns hat er nur Wolfgang und mich.

8. Februar

Jeden Tag das gleiche Spiel: Gegen Morgen lasse ich Mirus ins Zimmer, damit er Wolfgang nicht weckt. Liegt er erst auf dem Kissen neben meinem Bett, ist von ihm nichts mehr zu hören. Wie schön wäre es, wenn er die ganze Nacht da schlafen dürfte. Doch Wolfgang bleibt hart. Vielleicht aus Prinzip. Manchmal ist er eben so.

Und heute hätte Mirus es fast geschafft. Doch eben nur fast. Er liegt schon in seiner Ecke auf dem Balkon, als zu später Stunde Kahua im Garten erscheint.

Kahua ist zu einem Riesenhund herangewachsen, der Bärenkräfte hat. Mirus erkennt ihn sofort. Es gibt kein Halten mehr, er überspringt das Gatter, um mit Kahua zu spielen. Das Ganze artet dann zu einer Rauferei vor unserem Schlafzimmer aus, und da ich fürchte, die Fenster könnten in Brüche gehen, nehme ich Mirus ins Haus, um das Treiben zu beenden.

Er läßt sich sofort auf sein Kissen fallen und ist höchst zufrieden. Ich denke schon, jetzt hat er es geschafft, jetzt kann er diese Nacht bei uns im Zimmer schlafen, und lösche das Licht, um mich wohlig in meine Kissen zu vergraben. Doch an Schlaf ist nicht zu denken. Mirus ist erhitzt vom Spiel und hört nicht auf zu hecheln. Anfangs versuche ich krampfhaft, es zu überhören, aber er kann nicht aufhören, und wir können es nicht überhören. Nach kurzer Zeit fängt Wolfgang an zu grunzen, was soviel heißt wie: Bring bitte den Hund hinaus. Also stehe ich auf und bringe ihn mitsamt seinem Bett in die Waschküche, damit Ruhe ist.

14. Februar

Mirus hat nun doch gesiegt. Endlich hat er seine erste Nacht bei uns im Zimmer verbracht. Wir sind gestern sehr früh ins Bett gegangen und haben ferngesehen. Da es noch keine Schlafenszeit war, durfte Mirus sich neben uns auf sein Kissen legen. Er hatte einen bewegten Tag hinter sich und schlief sofort ein. Als wir müde wurden, wollte Wolfgang ihn auf den Balkon verfrachten, doch ich weigerte mich, den Hund zu wecken. Also einigten wir uns, daß ich ihn dann hinausbringen würde, wenn er uns beim Schlafen stören sollte. Doch es war, als habe Mirus geahnt, was für ihn auf dem Spiel stand, denn er rührte sich nicht.

Als ich heute morgen die Augen aufschlage, sehe ich in sein Gesicht. Bewegungslos schaut er mich an. Er hat sein Ziel erreicht.

17. Februar

Nun schläft Mirus neben meinem Bett. Wolfgang hat eingesehen, daß das für unser aller Nachtruhe das Beste ist. Manchmal schnarcht Mirus wie ein Mensch oder grunzt vor lauter Glück.

Das aber ist schon alles, was er an Geräuschen von sich gibt. Wenn ich vor dem Einschlafen in sein glückliches Hundegesicht sehe, schlummere ich nochmal so gut.

21. Februar

Es wird zunehmend schwieriger, einen Weg zu finden, auf dem Hunde frei laufen dürfen. Selbst an Stränden, an denen es vor einem Jahr noch erlaubt war, mit seinem Hund zu baden, steht jetzt ein Schild „verboten". Und in die Berge führt kein Pfad. Alles ist eingezäunt oder privater Besitz, so daß ich nicht mehr weiß, wo ich Mirus laufen lassen soll. Viele übergehen einfach das Gesetz und nehmen ihr Tier dennoch mit an den Strand. Ich mag das aber nicht, denn ich will nicht dauernd mit schlechtem Gewissen herumlaufen müssen, nur weil der Hund einmal am Tag springen muß. Es ist nicht recht, alles zu verbieten und keinen Ersatz zu schaffen. Jetzt helfe ich mir, indem ich mit Mirus in einen kleinen Park gehe. Dort sind Hunde an der Leine erlaubt. Wenn niemand da ist, lasse ich ihn kurz frei, damit er sich austoben kann. Die Gegend ist sehr schön, und meist sind auch nicht viele Menschen da, so daß wir ungestört sind. In diesem Park leben wilde Katzen. Viele von ihnen sind viel zu dünn, so daß ich gar nicht anders kann, als ihnen Futter mitzubringen. Die Kätzchen feiern jedes Mal eine Freßorgie, wenn wir kommen. Um die

Tiere nicht zu sehr an mich zu gewöhnen, vermeide ich, zu oft zu kommen. Sie sollen ihr Leben wie bisher führen.

26. Februar

Bill hat angerufen. Seine Freunde ziehen mit ihm in ein neues Haus. Da sie ihr altes Heim noch herrichten müssen, bevor sie umziehen können, wird viel Lärm und Schmutz entstehen. Sie fragen mich, ob ich die Kätzchen nehmen würde, die Hunde geben sie solange in Pension. Begeistert sage ich zu. Endlich kommen Katzen ins Haus. Und Mirus kann lernen, mit ihnen umzugehen.

Morgen sollen sie kommen, und morgen reist Wolfgang zurück nach Deutschland. Ich habe also Zeit, mich um die Tiere zu kümmern. Ich freue mich, Genius noch einmal bei mir zu haben und den wunderschönen Pupu. Pupu gehört Bob. Bob, Bill und Chris, dem die Hunde gehören, wohnen zusammen. Die Tiere verstehen sich gut. Pupu kam als junges Kätzchen in den Haushalt, da waren die Hunde schon da. Und Genius ist vor einem Jahr dazugekommen. Er hat sich eingelebt und an die Hunde gewöhnt.

27. Februar

Mirus wedelt vor Entzücken heftig mit dem Schwanz, als Genius und Pupu gebracht werden. Endlich kommt Leben in die Bude, denkt er. Ich sehe es ihm an. Natürlich will er alle beschnuppern. Genius ist völlig gelassen. Er tut, als ob es ihn überhaupt nicht berühren würde, daß ein Hund im Haus ist. Pupu faucht, wenn Mirus ihm zu nahe

Neue Hausgenossen.

kommt, aber er läuft nicht weg. Da es schon spät ist, gehen wir bald schlafen. Die Kätzchen kommen zu mir ins Bett und machen noch ihre Abendwäsche, während Mirus sich brav auf sein Kissen legt.

28. Februar

Als ich heute morgen aufwache, liegt Mirus friedlich schlafend auf seinem Bett, doch die Kätzchen sind verschwunden. Ich stehe leise auf, um sie zu suchen. Es ist, als hätten sie sich über Nacht in Luft aufgelöst. Ich kann sie nirgends finden. Systematisch suche ich alles ab. Sie müssen im Haus sein. Aber ich sehe sie nicht. Ich schaue auch unter die beiden Gästebetten im ersten Stock, wo sie kaum sein können, da die Betten von einem Rattangitter umgeben sind, da so engmaschig ist, daß kein Katzenkopf hindurch kann. Aber dort sitzen sie tatsächlich und schauen mich aus großen Augen an. Wie es Pupu mit seinem dicken Katerkopf geschafft hat, sich durchzuzwängen, ist mir ein Rätsel. Es ist ihm jedenfalls gelungen, sonst könnte er da nicht sitzen. Natürlich ist dies der beste Platz, um vor Mirus sicher zu sein. Also nehmen sie sich doch vor ihm in acht. Um ihnen Zeit zu geben, sich bei uns einzuleben, stelle ich ihnen ihr Futter unters Bett. Sie müssen nicht herauskommen, wenn sie Hunger haben, sondern können es dann tun, wenn sie sich sicherer fühlen, oder wenn die Neugier sie treibt.

29. Februar

Ich sitze mit Mirus in meinem Zimmer und höre, wie Genius aus voller Kraft piepst. Er hat eine besonders hohe Stimme, wie sie auch

Freundschaft
mit einem Hund?

Siamesen oft haben. Er sitzt immer noch im ersten Stock, aber nicht mehr unter dem Bett, sondern daneben. Offensichtlich langweilt er sich und will zu uns. Ich locke ihn, aber seine Angst vor Mirus ist immer noch groß. Mirus setzt sich direkt vor Genius und schaut ihn unverwandt an, als ob er zu ergründen suche, wie er dieses andere Wesen behandeln muß. Denn wenn es nach ihm ginge, würde er jetzt sofort mit Genius spielen. Dieser aber räkelt sich und legt sich auf den Rücken, wie um Mirus mitzuteilen, daß er nicht einzuschüchtern ist. Ich sage Mirus, daß er sich auf sein Kissen legen soll, da es nur einen Weg gibt, Freundschaft mit den Katzen zu schließen, und der ist zu warten, bis sie von selbst zu ihm kommen.

1. März

Es schüttet seit Tagen, als wolle der Himmel ganz Hawaii unter Wasser setzen. Nun ist es Nacht und ein Gewitter zieht auf. Die Kätzchen sitzen unter dem Bett, und Mirus ist es nicht wohl in seiner Haut, wenn es blitzt und donnert. Er schaut mich dann immer fragend an. Natürlich sage ich ihm, daß er sich nicht fürchten muß, weil das Haus ihn schützt. Er ist dann auch beruhigt und entspannt sich. Wie froh bin ich, daß er nicht mehr auf dem Balkon schlafen muß. Ein Hund gehört zu seinem Menschen und ins Haus.

Mirus hat zeitweise immer wieder Probleme mit Flöhen. Denen bin ich erfolgreich mit dem Flohkamm zu Leibe gerückt. Täglich kämme ich Mirus und packe somit das Übel an der Wurzel, weil ich auch die Floheier erwische. Sowohl Floh als auch Ei besprühe ich noch auf dem Kamm mit einem Flohspray. Auf diese Weise ist Mirus fast flohfrei, und ich kann darauf verzichten, ihn selbst einzusprayen. Dafür ist er mir dankbar, denn er haßt es, eingesprüht zu werden. Gesund ist es sicher auch nicht.

Alle acht Tage braucht Mirus ein Bad, sonst stinkt er, das ist klimabedingt. Ich verwende dafür nur ein spezielles, vom Tierarzt verordnetes Shampoo, das rückfettend ist, und spüle mit viel Wasser nach. In den letzten Eimer gieße ich immer zwei Tassen Obstessig. Das ist gut für seine Haut und sein Fell.

2. März

Es ist so schön, daß die Kätzchen bei mir sind. Genius ist sehr eigenwillig. Manchmal hat er ein richtiges Verlangen nach Zärtlichkeit, dann wiederum kann es passieren, daß er beleidigt reagiert, wenn ich ihn anfasse. Pupu ist da unkomplizierter. Ihn kann man immer auf den Arm nehmen. Wenn es ihm nicht genehm ist, windet er sich sanft heraus. Er ist wunderschön. Er pflegt sich trotz seines langen Felles selbst. Ich kann ihn bürsten, muß aber nicht. Er verfilzt nicht. Wenn man ihn im Arm hat, fühlt er sich wie ein weiches Fellbüschel an. Seine großen, blauen Augen sind wie Edelsteine. Kein Schmuck könnte mich jemals so verzaubern wie seine Augen.

3. März

Ich gehe mit Mirus in den Park, um die Kätzchen dort zu füttern. Der Sturm, der seit Tagen über ganz Hawaii hinwegfegt, ist furchtbar. Er kommt vom Berg und somit aus der falschen Richtung. So ein Chaos habe ich noch nie erlebt. In der Nacht ist es besonders schlimm. Der Orkan wütet so, daß man nicht schlafen kann. Zeitweilig ist es aber auch totenstill, so daß man aufatmet und hofft, daß alles vorbei sei. Dann aber schwillt der Sturm langsam wieder an und entwurzelt und

So müßte es jeden Tag sein.

knickt Bäume und Sträucher, die krachend umfallen. Solche Nächte sind gespenstisch. Dazu kommt sintflutartiger Regen, der einen sekundenschnell bis auf die Haut durchnäßt. Ein Wetter, bei dem man keinen Hund aus dem Hause jagt. Deshalb bin ich die vergangenen Tage auch nicht im Park gewesen, um nach den Kätzchen zu sehen. Jetzt aber muß ich zu ihnen, sonst hungern sie. Es sind etwa fünfzehn, zum Teil wunderschöne Tiere, die dort leben. Manche sind scheu und fressen nur, wenn ich mich zurückziehe, andere lassen sich streicheln. Einer, der aussieht wie mein verstorbener Kater Faustus, springt mir sogar, wenn ich ihn füttere, auf den Schoß, versteckt sein Köpfchen in meiner Armbeuge und drückt sich ganz fest an mich. Als ich ihn das erste Mal sah, war er viel zu mager. Seine Knochen standen heraus, und die Seiten waren eingefallen. Jetzt füllt sich sein Körper langsam auf. Er hat klare Augen und sucht einen

Menschen, mit dem er schmusen kann. Da es so schüttet, nehme ich ihn zu mir ins Auto. Mirus sitzt auf dem Nebensitz. Er schnüffelt an dem Kater, was diesen aber nicht zu stören scheint. Das Tier ist patschnaß und wärmt sich bei mir auf. Es ist nicht kalt draußen, aber unangenehm. Die Tiere haben, wenn es derart regnet, nicht genügend Schutz, weil der Boden unter den Häusern, wo sie sich verstekken, durch und durch schlammig wird. Bei leichtem Regen kriechen sie oft unter parkende Autos, um dort trocken zu sitzen, aber bei einem Wetter wie diesem stürmt auch dort das Wasser durch. Ich muß mich sehr zurückhalten, um den kleinen Tiger, der auf meinem Schoß sitzt, nicht mitzunehmen. Wie ich es manches Mal hasse, immer wieder abreisen müssen. Nichts kann man wirklich aufbauen, alles ist immer nur Stückwerk, kaum etwas läßt sich zu Ende führen. Ich muß den kleinen Kater auf dem Parkplatz zurücklassen, denn wer sollte für ihn sorgen, wenn ich wieder zurückfliege. Wie schnell man sich für ein Tier verantwortlich fühlen kann! Als ich anfing, die Kätzchen in dem Park zu füttern, wollte ich sie mit ein bißchen Futter stärken. Dann lernte ich sie und ihre Eigenarten kennen und stellte ganz schnell fest, daß ich mich an das eine oder andere Tier schon gebunden fühlte. Wenn sich ein Kätzchen dann noch mit mir anfreundet, ist es um mich geschehen. Es bricht mir fast das Herz, wenn ich es zurücklassen muß.

Natürlich sagt mir mein Verstand, daß ich nicht für alle Katzen dieser Welt sorgen kann. Natürlich weiß ich, daß ich gegen das Katzenelend insgesamt nicht viel ausrichten kann, und dennoch muß ich wenigstens dort helfen, wo es möglich ist. Wenn ich sehe, wie in ein trauriges Katzengesicht langsam Hoffnung kommt, wie trübe Augen sich klären und Mißtrauen sich in freudige Begrüßung wandelt, dann ist dies der schönste Dank für alle Mühen und Sorgen.

5. März

Es regnet immer noch. Wir fahren trotzdem in den Park, um die Kätzchen zu füttern. Die meisten sind jetzt nicht mehr so ausgehungert, nur scheint es mir, als wären es jedes Mal mehr. Aus allen Ecken kommen immer neue Tiere dazu. Sie lassen jedes Trockenfutter stehen, wenn ich eine Dose für sie öffne, und streiten sich darum. Die Stärkeren schubsen die Schwachen weg, so daß ich an mehreren Stellen Futter auslegen muß, damit alle in Ruhe fressen können. Jene, die mich schon kennen, streichen schmeichelnd um meine Beine und miauen mich an, damit ich ihnen eine Extraportion gebe.

Als ich gerade wieder gehen will, sehe ich in der Abfalltonne ein Tier sitzen. Es kommt mir vor wie ein häßlicher, kleiner Hund, der nach Nahrung sucht. Ich gehe zu ihm, um ihm Futter zu bringen. Da sehe ich, daß es eine Katze ist, die die leeren Dosen ausschleckt. Sie dreht sich zu mir um. Was für ein häßliches Exemplar schaut mich da an. Die Harmonie, die normalerweise einer Katze eigen ist, scheint völlig gestört. Viel zu stämmig und zu groß kommt sie mir vor, mit struppigem Fell und einem Kopf, daß ich wieder denke, das kann doch keine Katze sein.

Aber es ist eine, ein Kater zwar, wie ich gleich unschwer erkenne, aber auf keinen Fall ist es ein Hund. Er hat breite Backen und Faltohren, was ihm einen etwas verschlagenen Ausdruck verleiht. Ich mache eine Dose für ihn auf und streichle ihn vorsichtig, denn er sieht gefährlich aus. Gierig macht er sich über das Futter her. Dabei will er nicht gestört werden. Das respektiere ich. Er kann gar nicht genug kriegen. Es ist Balsam für meine Seele, wenn ich sehe, wie froh ein Tier ist, sich satt essen zu können.

Schönheit kommt von innen.

6. März

Eine Woche ist vergangen, seit die Kätzchen bei uns eingezogen sind. Mirus ist nach wie vor sehr an ihnen interessiert. Er kann sich kaum zügeln, wenn er sie miteinander herumtoben sieht. Zu gerne würde er mitmachen, doch sie lassen ihn nicht. Genius stellt sich Mirus in den Weg, wenn der nicht den nötigen Abstand hält. Wagt Mirus sich dann dennoch näher heran, schlägt Genius mit der Tatze zu, so daß Mirus den Schwanz einzieht und den Rückzug antritt. Er versteht zwar nicht, warum die Kätzchen nicht mit ihm spielen wollen, aber er gibt zumindest auf. Ich tröste ihn, indem ich mich zu ihm setze und ihn streichle, denn ich will auf jeden Fall vermeiden, daß er auf die

Kätzchen eifersüchtig wird. Das klappt auch ganz gut, denn er ist glücklich, wenn er mit mir schmusen darf. Dann seufzt er tief und ist mit allem zufrieden.

7. März

Es hat nach diesen stürmischen, nassen Tagen endlich aufgehört zu regnen. Genius geht schon seit geraumer Zeit alle Fenster und Türen des Hauses ab, um zu ergründen, ob es nicht eine Öffnung gibt, die nach draußen führt. Ich gebe also seiner Sehnsucht nach und öffne die Tür einen kleinen Spalt, um ihn hinaus zu lassen. Er ist gewohnt, den Tag im Freien zu verbingen, so daß ich ihm dieses Vergnügen nicht ganz versagen will. Pupu steckt sofort neugierig sein Näschen durch die Tür, bevor ich sie schließen kann und folgt seinem Katzenfreund auf den Balkon. Dagegen wäre ja nichts zu sagen, aber bald sehe ich seinen Schwanz unter dem Haus verschwinden. Dort ist nasse, rote Erde! Ich mag mir gar nicht vorstellen, wie Pupu nachher aussehen wird. Währenddessen taxiert Genius vom Balkongeländer interessiert das Dach und überlegt ganz offensichtlich, ob er hinaufspringen kann. Ich bin sicher, es geht nicht und hoffe, daß auch er es einsieht. Er läßt von dem Gedanken ab, zumindest vorläufig. Ich suche Pupu. Doch der ist verschwunden. Ich kann ihn auch unter dem Haus nirgends entdecken. In meinen Gedanken sehe ich ihn schon verschollen und schwöre mir, ihn in Zukunft nicht wieder ins Freie zu lassen. Was soll ich Bob sagen, wenn sein wunderschönes Tier verschwunden ist? Um Genius habe ich weniger Angst. Er zeigt sich immer wieder. Während ich mir Sorgen mache und mein Herz schon wie wild klopft, taucht Pupu plötzlich auf und miaut mich empört an, weil er nicht weiß, wie er auf den Balkon kommen soll. Die Treppe hat er offensichtlich übersehen. Bevor ich ihn erwische, packt ihn die Neugier. Er will ergründen, welche Geheimnisse sich

Wozu die ganze Aufregung?

wohl noch unter dem Haus verbergen, und ehe ich es verhindern kann, ist er mir entglitten. Ich leine Mirus im Haus an, damit er die Kätzchen nicht jagen kann, lassen die Balkontür einen Spalt offen, um allen die Rückkehr ins Haus zu ermöglichen und beruhige mich. Währenddessen verheddert sich Mirus total mit seiner Leine, so daß ich ihn losbinden muß, um sie zu entwirren. Er nutzt die Gelegenheit und saust wie ein Blitz zur Tür, zwängt sich durch den Spalt und flitzt unters Haus. Ich in Panik hinterher, denn in meiner Vorstellung sehe ich schon die Kätzchen von meinem allerliebsten Hund durch sämtliche Büsche gejagt, in einer Gegend, die ihnen doch unbekannt ist, so daß sie Mühe haben könnten zurückzufinden.

Statt dessen kommt Mirus Seite an Seite mit Pupu unter dem Haus hervor. Pupu beklagt sich laut, daß man es ihm offensichtlich nicht gönnt, sich seine Umgebung in Ruhe anzusehen. Mirus ist voller

Tatendrang, denn er möchte mit Pupu spielen. Ich würdige Mirus keines Blickes, denn schließlich war er ungehorsam, packe Pupu und setze ihn auf den Balkon. Dann lege ich Mirus an die Leine und sehe mich um, wo Genius bleibt. In dem Moment kommt mit Riesensprüngen Kahua, um mit Mirus zu spielen. Jetzt erfaßt mich wirklich Panik, denn ich kenne zwar Kahua nur als gutmütigen Riesenlümmel, weiß aber nicht, wie sein Verhältnis zu Katzen ist. Und Genius ist noch immer irgendwo im Garten. Ich rufe also schnell unseren Nachbarn an und bitte ihn, seinen Hund zu holen, der gerade mit Karacho unter unser Haus fegt. Ich bete zum Himmel, daß Genius dort nicht sitzt, und versuche Kahua zu locken, um ihn anzuleinen. Der aber sucht Mirus, der im Haus ist. Als er ihn nicht findet, trollt er sich und läuft dabei seinem Herrchen gerade in die Arme. Unerschrocken und unberührt von der ganzen Aufregung kommt Genius angetrottet und setzt sich, von seinem Spaziergang offensichtlich begeistert, auf das Balkongeländer, um sich dort seelenruhig zu putzen. Ich schwöre mir, solchen Situationen in Zukunft mit mehr Gleichmut zu begegnen, und hoffe, daß es mir gelingt.

Um den Katzen eine Freude zu machen, streue ich Katzenminze in einen großen Holzteller und stelle ihn auf den Boden. Der Erfolg könnte nicht größer sein. Genius kann sich überhaupt nicht bremsen und legt sich voll in den Teller, reibt sein Köpfchen und wälzt sich. Pupu schnüffelt und verfällt in einen Rausch. Er kann sich nicht mehr halten und will zu Genius in den Teller. Der ist natürlich zu klein für zwei. Um Streit zu vermeiden, richte ich schnell noch einen für Pupu her. Wonniglich grunzend rollt er darin herum. Nach einer Weile steht er auf, setzt sich und macht ein Bächlein in den Teller. Offensichtlich hält er die Katzenminze für Katzenstreu. Genius kann so etwas nicht passieren, sein Teller bleibt trocken. Der Boden des Hauses sieht nach der Orgie entsprechend aus. Überall ist die Minze verstreut, aber was macht das schon, bei soviel Spaß.

Die Katzenminzenorgie.

Jeder Tag bringt neue Abenteuer.

8. März

Das Wetter ist umgeschlagen. Es ist jetzt herrlich auf Hawaii. Die Sonne scheint, und vom Meer kommt eine kühle Brise, die vor der Hitze schützt. Das Wasser glitzert, und die Kätzchen sind selig, weil sie ins Freie dürfen. Es gibt soviel zu erforschen in einem Garten, den man noch nicht kennt. Genius ist der Abenteuerlustige. Er fürchtet weder Tod noch Teufel. Den Tag hat er begonnen, indem er Mirus eine wischte, weil dieser wieder einmal nicht gebührend Abstand hielt. Pupu hat ein gemäßigtes Temperament. Wenn Mirus ihm zu nahe tritt, miaut er und macht einen drohenden Buckel. Genius ist frech. Er stellt sich Mirus direkt in den Weg, und wenn dieser das nicht respektiert, sondern trotzdem an ihm vorbei will, haut er ihm eine runter, so daß Mirus entsetzt zurückweicht. Genius würde Mirus sehr schnell lehren, wie man mit Katzen umzugehen hat. Da müßte ich nicht viel machen. Ich habe nur um Pupu Angst, deshalb passe ich doch auf.

9. März

Genius wird immer dreister. Er geht jetzt schon auf Mirus zu, wenn der auf seinem Kissen ruht, und streckt ihm sein kleines Näschen direkt vor die lange Schnauze, als wolle er sagen, trau dich bloß nicht, eine falsche Bewegung und ich hau dir eine runter. Und Mirus scheint das zu verstehen. Er rührt sich nicht. So kommen sie einander näher.

10. März

Mir ist jetzt klar, wieso manche Katzen im Park gut genährt erscheinen und andere dagegen so furchtbar dünn sind. Die mageren sind diejenigen, die sich nicht durchsetzen können und lieber hungern, als sich um das Fressen zu streiten. Von Zeit zu Zeit werden im Park Feste und Hochzeiten gefeiert. Dabei bleiben immer Reste übrig, die die Katzen holen. Wenn genug für alle da ist, ist es kein Problem. Reicht es aber nicht, gehen die leer aus, die scheu sind und sich vertreiben lassen. Deshalb kommen manche gut zurecht und haben, was sie zum Leben brauchen, während andere hungern.

11. März

Genius folgt mir auf Schritt und Tritt. Es ist wirklich ein Glück, daß ich ihn als Gast habe und dadurch erlebe, wie zutraulich und anhänglich dieser einst so verängstigte Kater geworden ist. Wie sanft und vorsichtig er mit mir spielt.

Ich erinnere mich, daß ich damals, als ich ihn bei mir aufnahm, dicke Socken tragen mußte, um mich vor seinen Attacken zu schützen, als er mit seinen spitzen Krallen aus heiterem Himmel meine Füße traktierte. Und jetzt ist er so behutsam.

Er ist bedacht, niemals fest zuzubeißen, wenn er mit mir rauft. In meinen kühnsten Träumen hätte ich nicht gedacht, daß dieser Kater so zärtlich werden würde. Er ist auch auf seine Art hübsch, mit dem weißen Latz, den weißen Pfötchen, den fast durchsichtigen rosa Öhrchen und mit seinen bernsteinfarbenen Augen. Was für herrliche Geschöpfe es doch unter den Katzen gibt.

Für Pupu ist Genius wie ein Bruder. Er stiftet ihn zu allem möglichen Unsinn an und zeigt ihm, was man auf dieser Welt alles erforschen kann, wenn man ein Kater ist. Ohne Genius würde Pupu sich träge auf dem Balkon räkeln. Allein käme er niemals auf die Gedanken, die Genius in seinem Köpfchen ausbrütet und in die Tat umsetzt. So aber ist er immer hinter ihm her und kommt dadurch auch in den Genuß der Abenteuer, zumindest als Zuschauer. Denn oft kommt es mir vor, als ob Pupu in der Loge sitzen würde und voll Interesse verfolgt, was Genius alles erfindet, um sich die Zeit zu vertreiben. Für Pupu bedeutet Genius eine Bereicherung seines Lebens. Genius mag ihn sehr. Immer wieder versucht er Pupu abzuschlecken, was dieser aber nicht besonders leiden kann. Sehr zu meinem Kummer, denn ich sehe zu gerne zu, wenn Katzen sich gegenseitig putzen.

13. März

Zwei Wochen sind Genius und Pupu jetzt schon bei mir. Es ist nicht zu leugnen, daß es Mühe macht, den Hund an sie zu gewöhnen. Wenn die Kätzchen herumtollen, muß ich Mirus fortwährend ermah-

Wenn Pupu nur näher käme!

nen, sie in Ruhe zu lassen, oder ich muß ihn anleinen, um zu verhindern, daß er ihnen nachjagt. Genius reitet dann der Teufel. Sobald er merkt, daß Mirus angebunden ist und sich nur noch begrenzt wehren kann, schleicht er sich von hinten an ihn heran und beißt ihn in den Schwanz. Daraufhin wufft mich Mirus klagend an. Sein Blick sagt, das kannst du doch nicht zulassen, das ist ungerecht. Also binde ich ihn los, damit er sich verteidigen kann. Und damit haben wir das schönste Theater, denn nun hat Mirus, was er wollte, und hetzt die Kätzchen. Er würde sie niemals beißen, er will nur mit ihnen spielen. Aber da sie das nicht schätzen, sondern Reißaus nehmen, flitzt er natürlich hinterher und treibt sie auf die Bäume. Genius läßt das kalt, denn sobald ich Mirus an die Leine nehme, kommt er mit sichtlichem Vergnügen, daß er sich frei bewegen kann, vom Baum und wälzt sich vor der Nase des armen Mirus, nur um ihn zu reizen.

Es kann jedoch auch durchaus sein, daß sie alle friedlich nebeneinander schlafen, so als könne keiner von den dreien ein Wässerchen trüben. Am wenigsten tut Pupu. Er würde Mirus niemals triezen. Er ist froh, wenn dieser ihn in Ruhe läßt, und er sich als Zuschauer an dem Geschehen ergötzen kann.

15. März

Genius wird immer gewitzter. Er hat auf den Balken unter dem Haus einen Platz gefunden , wo er vor Mirus nicht nur sicher ist, wenn dieser ihn verfolgt. Von dort kann er ihm auch noch auf die Schnelle prima eine runterhauen. Ich greife meist nicht ein, denn Mirus lernt auf diese Weise schneller, Genius in Ruhe zu lassen, als wenn ich „no", „no", „no" rufe. Auch Pupu hat die Balken für sich entdeckt, so daß ich alle drei in den Garten lassen kann, ohne Mirus anleinen zu müssen.

16. März

Jeden Tag gewöhnen sich meine Tiere mehr aneinander. Mirus hat im Wohnzimmer eine schöne, weiche Schafwolldecke, auf der er gerne liegt. Genius mag sie auch. Ich habe ihm deshalb dieselbe Decke, aber etwas kleiner, besorgt, damit jeder seinen Platz hat. Heute nun liegt Mirus auf der kleinen Decke, die ihm hinten und vorne nicht paßt, weil Genius auf seiner großen thront. Offensichtlich ist es Mirus leid, sich so zusammenzuringeln, denn er steht auf und läßt sich ganz behutsam neben Genius nieder, der sich auch dann noch nicht bewegt, als ihre Rücken sich berühren. Ich halte natürlich den Atem an, aber es passiert nichts. Einträchtig liegen sie auf der großen Decke.

Komm, spiel mit mir!

Ich weiß, was das für Mirus bedeutet, der immer die Nähe anderer Tiere sucht. Es macht ihn glücklich und für mich ist es der Lohn für all die Mühe, die es natürlich macht, die Tiere aneinander zu gewöhnen.

17. März

Pupu weckt mich einem lauten Miau morgens um halb sieben, weil er sein Frühstück will. Das besteht schon längst nicht mehr aus Trockenfutter, sondern aus einem leckeren Mahl aus der Dose. Auf Hawaii ist es üblicher als bei uns in Deutschland, die Tiere mit Trokkenfutter zu ernähren. Sicher hängt das mit der Hitze zusammen.

Trockenfutter kann man eben stehenlassen. Da meine Katzen alle möglichen Leckerbissen bekommen, fressen sie schon längst kein Trockenfutter mehr. Sie wecken mich sogar, um mich zum Aufstehen zu bewegen, und wollen, daß ich jedem sein Frühstück zubereite. Pupu schmatzt dann vor Vergnügen laut und unanständig, während Genius sich eher emsig an sein Fressen macht. Mirus gebe ich, damit er nicht neidisch wird, einen Markknochen mit Fleisch. Da ist allerdings nicht allzuviel dran, denn ich muß aufpassen, daß er nicht zu dick wird. Auch die kleinen Bäuche der Kätzchen runden sich zusehends infolge der guten Kost. Aber ich habe zu Bill gleich gesagt, die Tiere hätten Ferien bei mir. Wir Menschen machen auch Urlaub und gönnen uns während dieser Wochen mehr als sonst. Warum sollen meine Lieblinge nicht auch solche Schlemmerzeiten haben.

18. März

Mirus ist rührend in seinem Bemühen, sich mit den Kätzchen anzufreunden. Es ist Abend. Genius schaut in den Garten. Mirus geht wie auf Zehenspitzen zu ihm und legt sich vorsichtig neben ihn. Als dies geschafft ist, schiebt er seine schöne, lange, weiche Schnauze ganz dicht an das Näschen von Genius heran. Solange er ruhig bleibt, duldet Genius das. Doch dann will Mirus mehr. Seine Schnauze wird immer länger. Es drängt ihn, Genius abzuschnuffeln, was dieser aber überhaupt nicht mag. Also rückt Genius weg. Mirus steht auf und zeigt ihm, daß er spielen will. Das heißt: Vorderbeine runter, Hintern hoch. Dazu fiepst er heftig, um seinem Verlangen Nachdruck zu verleihen. Das aber kann Genius auf den Tod nicht leiden, er haßt diese Töne. Nicht nur das Herumgehample, erst recht das Fiepsen ist ihm zuwider. Er haut, um die Ruhe wieder herzustellen, Mirus eine runter. Der schaut mich fragend an. Was soll das heißen, sagt sein Blick. Ich erkläre ihm, daß Genius nicht mit ihm spielen, sondern in den Garten schauen will, und daß er ihn dabei nicht stören darf. Er sieht es ein und legt sich auf seine Decke. Pupu verschläft mal wieder alles. Er liegt auf dem Tisch neben der Vase mit den Rosen und sieht aus wie eine Katzendekoration. Mirus hält es aber auf seinem Platz nicht lange aus. Wieder legt er sich zu Genius. Doch dieses Mal rührt er ihn nicht an, und Genius läßt ihn gewähren. So liegen sie nebeneinander und schauen in den Garten. Wie friedlich die Welt sein kann!

19. März

Da inzwischen fast überall an den Stränden verboten ist, Hunde mitzubringen, gehen immer mehr Menschen erst gegen Abend mit ihren Tieren spazieren, wenn keine Kontrollen mehr zu befürchten sind. An manchen Tagen geht es hoch her, und heute ist so ein Tag. Mirus findet es toll, mit anderen Hunden herumzutoben, und heute hat er eine ausgesprochene Schönheit zur Spielgefährtin, ein Huskymädchen mit blauen Augen. Von ihr läßt er sich sogar verführen, ins warme Meer zu springen.

Mirus ist immer freundlich, ja, ich möchte sogar sagen, höflich. Immer läßt er seinen Spielgefährten den Vortritt, nie nimmt er ihnen ihr Spielzeug weg. Hat er das Gefühl, ein anderer Hund könnte ihm nicht wohlgesonnen sein, dann bleibt er dicht bei mir. Die Abendstimmung ist wie ein Traum, eine Sinfonie von Farben. Der Himmel reicht von Zartblau, über alle Rosatöne bis hin zu flammendem Rot, selbst der Strand spiegelt die Farben des Himmels wider. Das Meer leuchtet smaragdgrün.

Langsam wird es dunkel und der Mond wirft seinen glitzernden Schein auf die sanft heranrollenden Wellen. Die Sterne funkeln klar und verheißungsvoll. Sie sind der Schmuck des Abendhimmels, an

Wie kommt ein Husky nach Hawaii?

dem ich mich nie sattsehen kann. Wenn wir nach Hause fahren, liegt Mirus – glücklich über das Erlebte – zusammengerollt auf dem Vordersitz. Wenn ich ihn streichle, grunzt er leise und schleckt dankbar meine Hand. Es ist so einfach, ein Tier glücklich zu machen.

20. März

In der Nacht schlägt Mirus an. Ich wache auf und schaue auf die Uhr. Es ist zwei Uhr in der Früh. Schlaftrunken stehe ich auf, um zu sehen, was los ist. Entlang der Mauer, die das Grundstück zum Meer hin begrenzt, schleicht eine gebückte Gestalt. Sie versteckt sich hinter einem Baum. Im sumpfigen, seichten Wasser sehe ich schemenhaft den Schatten eines Riesenhundes.

Mirus knurrt anhaltend, er ist ausgesprochen ungehalten. Normalerweise würde ich ihn in den Garten lassen. Er geht dann bis zur Grundstücksgrenze, zeigt sich und wartet, bis der Fremde außer Sicht ist. Da die Strände öffentlich sind, hat jedermann das Recht, vor unserem Grundstück spazierenzugehen oder zu fischen. Was heute geschieht, ist ungewöhnlich. Denn Fischer ziehen mit ihren Booten oder Netzen weiter draußen entlang. Sie tragen eine Lampe und kommen auch nicht um diese Zeit. Mir klopft das Herz bis zum Hals, weil ich nicht weiß, was ich tun soll, wenn der Mann es wagen würde, in den Garten zu kommen. Auf keinen Fall will ich Mirus hinauslassen. Wer weiß, wie der andere Hund geartet ist. Es gibt ja bekanntlich Hunde, die darauf trainiert sind, andere zu zerfleischen. Dieser Gefahr will ich Mirus ganz bestimmt nicht aussetzen. Licht machen will ich auch nicht, da das Haus ziemlich einsichtig ist. Das Hausmeisterehepaar ist verreist, so daß ich mit den Tieren ganz allein auf dem Grundstück bin. Sollte der Fremde wirklich aufs Haus zukommen, könnte ich den Nachbarn anrufen. Aber nachts um zwei?

So verharre ich im Dunkeln und fürchte mich, während Mirus böse knurrt. Ich sehe, wie der Schatten sich zum Nachbarsgarten fortbewegt und atme auf. Vielleicht ist es doch nur ein harmloser Nachtwanderer, denke ich, allerdings ein Rücksichtsloser, denn man geht nicht so dicht an der Grundstücksgrenze entlang, daß die Hunde anschlagen.

Ruhe ist immer noch nicht. Jetzt knurrt Mirus den undurchdringlichen Nachbarsgarten an, so daß ich es nicht wage, mich hinzulegen, sondern mit Mirus in das dunkle Dickicht starre. Endlich, die Zeit ist mir wie eine Ewigkeit vorgekommen, hört Mirus auf zu knuren und legt sich auf sein Bett. Ich schlüpfe unter meine Decke und versuche einzuschlafen. Welch ein Witz, denke ich noch, da hast du einen Hund, und jeder meint, damit bist zu sicher. Was aber kommt dabei heraus? Ich muß den Hund beschützen. Gott sei Dank ist nichts passiert. Wir konnten alle bis zum Morgen ruhig schlafen.

25. März

Es ist ein schwüler Samstagmorgen. Als ich in den Garten schaue, sehe ich Mirus mit einem Vogel in der Schnauze. Ich sause sofort hinaus und rufe entsetzt „no", denn er versteht ja nur Englisch. Erschrocken läßt er das flatternde Etwas los. Ich nehme den Vogel vorsichtig in meine Hand. Es ist ein Kardinal mit rotem Kopf, der offensichtlich einen Schock hat. Ich setze ihn, weil ich keinen Käfig zur Hand habe, in eine große, durchsichtige, luftdurchlässige Tasche und baue ihm darin ein Nestchen, damit er eine Stütze hat. Da ich, was Vögel betrifft, immer so schrecklich hilflos bin, rufe ich Andy, einen Vogelkundler, an und bitte ihn um Rat. Er sagt, ich solle Wasser und Brotkrumen in die Nähe des Tieres stellen, damit es etwas zu fressen hat. Ich folge dieser Weisung und öffne die Tasche. Sofort flattert der Vogel aufgeregt herum. Er tut mir leid, und ich überlege, ob ich ihn hinauslassen soll. Dabei fallen mir die Kätzchen ein. Ich schließe die Tasche schnell und suche die Katzen. Aber ich kann sie nirgends finden. Deshalb gehe ich ins Haus, um zu sehen, ob sie dort schlafen, aber sie sind wie vom Erdboden verschluckt. Als ich wieder nach dem Vogel sehe, sitzen beide Katzen vor der Tasche. Pupu, der sonst immer eher gelangweilt in die Gegend schaut, hat plötzlich riesengroße, wache Augen, mit denen er den Vogel anstarrt. Gebannt, aber regungslos, verharrt er vor dem Ereignis. Genius dagegen ist gefährlich, denn er begnügt sich nicht mit starren Blicken, sondern hüpft aufgeregt um die Tasche herum und sucht nach einer Öffnung, durch die er hineingelangen könnte. Um den armen Vogel nicht noch mehr zu erschrecken, befördere ich Genius auf den Boden und entreiße Pupu sein Schauobjekt, indem ich die Tasche an einen Haken an die Decke des Balkons hänge, hoch über allen Möglichkeiten, die Hunde und Katzen haben. Ich will dem Vogel Zeit geben, sich zu erholen, denn schenke ich ihm jetzt die Freiheit, frißt ihn wahrscheinlich die nächste Katze.

Ich bin der Kardinal.

Natürlich frage ich mich, was eigentlich geschehen ist. Denn Mirus hat das Vögelchen zwar in der Schnauze gehabt, aber bei Genius fand ich später ein verräterisches Federchen. Ich weiß nicht, was dem Vogel passiert ist, aber verwundet ist er offenbar nicht. Es ist jetzt Nachmittag und der Vogel hat noch immer nichts gefressen. Da ich Angst bekommen, daß er mir verhungern könnte, rufe ich Andy an und frage, ob ich ihm den armen Matz bringen darf. Andy hat riesige Volieren, in denen er verschiedene Vogelarten hält, darunter auch einen Kardinal, den ihm vor einiger Zeit eine Frau gebracht hat. Sie mußte umziehen und konnte ihn in ihrer Wohnung nicht mehr fliegen lassen. Aus diesem Grund hatte sie sich entschlossen, ihn lieber zu Andy zu bringen. Wenn Andy in die Voliere tritt, kommt der Vogel sofort angeflogen und läßt sich von ihm kraulen. Er ist zahm, weil er von einem Menschen aufgezogen wurde.

Wie aufregend!

Sicher ist sicher!

Andy übernimmt meinen kleinen Freund. Er setzt ihn in den Käfig nebenan, damit die beiden Kardinäle sich sehen, aber nicht streiten können, falls sie gleichen Geschlechtes sind. Das ist bei Vögeln oftmals schwer zu bestimmen, und solange man nicht sicher ist, ist Vorsicht angesagt. Mein Piepmatz ist sehr verschüchtert und versucht, sich unsichtbar zu machen, indem er in die äußerste Ecke kriecht. Wir lassen ihn in Ruhe. Es dauert nicht lange, da fängt er an, auf dem Boden herumzuhüpfen und von den Körnern zu picken, er frißt, ist alles in Ordnung. Bald darauf erblicke ich ihn im dichten Blätterwald der Sträucher. Das heißt, daß er fliegen kann, daß nichts gebrochen ist, sondern nur Federn fehlen. Die aber wachsen nach. Man kann richtig sehen, wie sich das Tier entspannt, denn nun beginnt der Vogel sein Gefieder zu ordnen. Sein Artgenossen hat ihn schon entdeckt und schaut neugierig auf den Neuankömmling, der ihm so ähnlich sieht.

Beruhigt lasse ich meinen gefiederten Freund in Andys Obhut, denn jetzt bin ich sicher, daß er überleben wird.

26. März

Es wundert mich nicht, daß Mirus zunimmt, seitdem er bei mir ist. Ich versuche zwar, streng zu sein und seine Kost zu reduzieren, aber oft gelingt es einfach nicht. Da ich die Kätzchen mehrmals täglich füttere, der Hund aber nur einmal am Tag sein Fressen bekommt, gegen sechs Uhr abends, halte ich ihn von der Küche fern, wenn Genius und Pupu spät am Abend noch einmal eine Portion bekommen. Mirus ist aber zu klug, um nicht doch mitzubekommen, was in der Küche vor sich geht.

Er bleibt dennoch brav auf seiner Decke, und der Speichel rinnt ihm aus dem Maul. Wenn ich aus der Küche komme, sitzt er da und schaut mich flehend an. Ich sage ihm dann: „Du bist satt, du hast dein Fressen schon gehabt!" Er antwortet nicht, sondern blickt mir nur unverwandt in die Augen.

Sei nicht so grausam, sagt eine Stimme in mir. Schau ihn dir an. All seine Magensäfte sind aktiviert, und du willst ihn einfach so sitzen lassen, mit seinen tropfenden Lefzen. So herzlos kannst du doch nicht sein. Gib ihm ein Stückchen Fleisch, etwas, was nicht dick macht, damit er zufrieden ist und nicht auf die Kätzchen neidisch wird. Das leuchtet mir ein. Ich folge dem Flüsterton in meinem Inneren. Vorsichtig und zart nimmt er den Leckerbissen aus meiner Hand, als wolle er damit sagen, daß ihm durchaus bewußt sei, daß dies eine zusätzliche Gabe ist. Seine Zufriedenheit strömt auf mich über, und ich gehe in die Küche, um zu sehen, was die beiden Katzenbuben machen. Die schmatzen vergnügt vor sich hin und schnurren dabei, weil es so gut schmeckt. Als ich zu Mirus zurückgehen, sehe ich, daß ihm jetzt der Speichel sozusagen in Strömen aus der Schnauze fließt. Offensichtlich war das, was ich ihm gegeben habe, so köstlich, daß er gar nicht anders kann, als nach mehr zu verlangen. Man muß bedenken, daß all dies ohne Worte geschieht, denn er bellt nicht, fiepst nicht, er sitzt nur da und schaut mich an. Ich hole Kleenex, um ihm dem Speichel abzuwischen, und einen Brocken Fleisch, den er dieses Mal mit dem Ausdruck nimmt, als würde dieser ihn vor dem Hungertod bewahren. Und indem er trotz all der verlockenden Geräusche in der Küche, dem ganzen Geschmatze und Geschnurre, brav auf seinem Platz liegenbleibt, zwingt er mich, ihn dafür zu belohnen. Denn was ist er doch für ein guter Hund, der nicht aufsteht und in die Küche läuft, um den erschreckten Kätzchen schnell ihren Teller leer zu fressen. Was für ein lieber Mirus, der folgsam auf seiner Decke verharrt und wartet, bis Frauchen ihm die Leckerbissen bringt.

Da ich um meine Schwäche weiß, bin ich dazu übergegangen, sein Abendessen zu reduzieren, um etwas Spielraum für dieses Ritual am Abend zu haben. Erziehen kann ich wirklich nicht. Ich muß gestehen, ich hasse es sogar.

Es eilt ja nicht.

27. März

Heute ist mein Geburtstag. Pupu kommt schon um halb sieben in der Früh zu mir ins Bett, um zu gratulieren. Er schmeißt sich auf den Rücken und hält mir seinen wohlgenährten Bauch unter die Nase, damit ich ihn kraule. Dann beißt er mich liebevoll in den Finger und rollt sich herum, um mir seinen prallen Hintern ins Gesicht zu strekken. Dies ist eine Aufforderung, seinen verlängerten Rücken kräftig zu reiben. Er stemmt dann seine Hinterbeine in die Höhe und schnurrt so laut er kann. Mirus, mein guter Hund, sieht neidlos zu. Genius streckt sich währenddessen noch wohlig aus. Ihm ist noch nicht nach Aufstehen zumute. So beginnt „mein Tag", er könnte nicht schöner sein.

30. März

Die Kätzchen werden immer anhänglicher. Sie laufen mir nach wie Mirus. Natürlich haben sie stets ein Auge auf ihn. Es ist nicht so, daß sie ihm völlig vertrauen. Das können sie auch nicht, denn wenn ihn der Teufel packt, versucht er, mit ihnen zu spielen und erschreckt sie dadurch. Wenn Pupu sich hinlegt, dann streckt er die Hinterbeine aus und wird ganz lang. Genius streckt sich niemals derartig aus. Er zieht immer die Hinterbeine an, wenn er auf dem Bauch liegt. Dafür hat Genius eine Art zu fressen, die man als seltsam bezeichnen kann. Ich darf ihm nämlich sein Fleisch niemals in Stücken schneiden, sondern immer nur in lange, dünne Streifen, die ich ihm vor die Nase halten muß, weil er darauf besteht, sie aus der Luft aufzufangen. Fällt das Fleisch auf den Boden, nimmt er es nicht mit dem Schnäuzchen auf, sondern wirft es mit seiner Pfote in die Luft, um es so mit dem Mäulchen zu fangen. Nur wenn es gar nicht anders geht und der Hunger sehr groß ist, setzt sich Genius hin und frißt wie eine normale Katze.

Einige meiner Freunde halten mein Theater um die Katzen für übertrieben. Aber gerade diese Eigenheiten der Tiere sind es, die sie so menschenähnlich machen. Und mir macht es einfach Spaß, auf diese Besonderheiten einzugehen und dadurch immer mehr in ihr Wesen einzudringen.

Wenn Pupu zum Beispiel Genius ruft, kommt dieser sofort. Ich könnte neidisch werden, wenn ich das sehe. Denn bei mir erscheint er nur, wenn er gerade Lust dazu hat.

1. April

Es regnet in Strömen, so daß man keinen Fuß vor die Tür setzen möchte. Doch durch die Tiere wird auch ein solcher Tag gemütlich. Pupu liegt auf der Korbtruhe und schaut in den Garten. Die Bananen sind reif. Ich nehme immer nur einige ab und lassen den Rest für die Vögel hängen. Sie lieben die Früchte, und an der Staude ist Hochbetrieb. Pupu kann sich gar nicht satt sehen. Da werden seine sonst eher verträumten Augen groß und wach, und wer sich bis dahin noch nicht in ihn verliebt hat, tut es jetzt. Er ist ausgesprochen gutmütig. Wenn Mirus ihn abschnuffeln will, dann miaut er empört, als könne er ihn durch diesen Protest davon abhalten. Niemals würde er ihm, wie Genius das tut, mit der Pfote ins Gesicht schlagen.

Mirus würde Pupu zu gerne mal richtig abschlecken. Da ich aber weiß, daß Pupu das nicht mag, halte ich meinen Hund zurück. Pupu hat keine Angst mehr vor Mirus, er mag es eben nur nicht, dessen lange Nase in seinem Gesicht zu haben. Trotzdem rutscht Mirus unverdrossen immer dichter an den Kater heran, um wenigstens in Tuchfühlung zu kommen. Ich glaube, wenn die beiden immer bei mir wären, würde Pupu eines Tages auf dem Hund liegen und Mirus würde vor Vergnügen laut grunzen, weil er andere Tiere so gerne um sich hat. Am liebsten würde er sie alle umarmen, das heißt auf seine Art, abschlecken und die lange Pfote auf sie legen, um sie zu fühlen.

Genius sitzt währenddessen auf dem Geländer der Veranda und schaut wie ein Philosoph in die Ferne. Er kann stundenlang so sitzen und sich dabei entspannen.

Ein Hundetraum erfüllt sich.

2. April

Thomas, ein treuer Freund, besucht mich mit seinen beiden Zwerghunden. Der eine ist ein Spitz, der andere ein sechs Monate altes Hundemädchen. Sie sieht aus wie Pupu, ist aber noch kleiner. Mirus flippt fast aus, als er sie sieht. Sie ist der Traum seiner Träume, denn endlich kann er tun, was er sich schon seit Wochen wünscht: mit einem kleinen Wesen wie Pupu knuddeln und herumtollen. Das Welpenmädchen ist zwar nicht Pupu, aber sehr ähnlich, und es schreit wenigstens nicht entsetzt auf, wenn es gestupst wird. Im Gegenteil, die Kleine hopst Mirus keck entgegen und fordert ihn zum Spiel auf. Mirus rollt die Freche mit seiner langen, weichen Schnauze auf dem

Gras herum wie einen Federball, während sie in höchsten Tönen quietscht. Dann packt er sie ganz vorsichtig und trägt sie herum. Wenn Mirus sich hinlegt, krabbelt sie auf ihn, kuschelt sich an seinen Hals und schleckt ihn mit ihrer kleinen roten Zungen ab. Und wie schon oft, bewundere ich Mirus. Obwohl die Hunde wild miteinander spielen, ist Mirus stets rücksichtsvoll und paßt auf, daß er der Kleinen nicht weh tut.

Pupu und Genius haben sich während des Besuches vornehm in mein Zimmer zurückgezogen, als könnten sie nicht verstehen, wie man sich so gehen lassen kann. Dabei tollen sie miteinander genauso herum, wenn sie in Stimmung sind, nur eben nicht mit Mirus.

3. April

Was ich vermeiden wollte, geschieht nun doch. Ich gehe täglich in den Park, um die Katzen zu füttern. Der helle Kater, der aussieht wie Pupu, hat ein verletztes Bein. Ich kann ihn nicht im Stich lassen. Da er nur langsam laufen kann, ist er gehandicapt, und ich will nicht, daß er deshalb hungern muß. Der kleine Tiger springt dieses Mal an mir hoch, als wolle er sagen: Nimm mich bitte mit, laß mich nicht hier, ich liebe dich und brauche dich. Damit steht für mich fest, ich werde ihn auf keinen Fall im Park lassen, wenn ich auch noch nicht weiß, was aus ihm werden soll.

Bob will mir helfen, er hat sich angeboten, eine Katze, und zwar den häßlichen kleinen Löwen, bei sich aufzunehmen. Da der Arme gerade kommt und offensichtlich einen Bärenhunger hat, gebe ich ihm sein Fressen. Er verputzt ratzekahl eine große Dose Katzenfutter. Ich setze ihn dann in den Käfig und wundere mich, daß es so leicht geht, daß er sich nicht wehrt. Als ich ihn zum Auto trage, kommt der kleine

Nimm mich doch mit!

Tiger auf mich zu. Es hat wieder zu regnen begonnen. Er springt an mir hoch, weil er auf den Arm genommen werden will. Da ich den Käfig in der Hand habe, kann ich ihn nicht aufnehmen. Traurig wendet er sich ab und schleicht zu einem anderen Auto. Dort setzt er sich auf einen Reifen, um vor dem Regen geschützt zu sein. Als ich das sehe, hält mich nichts mehr. Ich stelle den Käfig mit dem kleinen Löwen in den Wagen und schnappe mir das Tigerchen, das sofort selig zu schnurren anfängt. Mit dem Kater auf dem Schoß fahre ich nach Hause.

Dort erwarten mich schon Genius und Pupu. Hungrig natürlich, aber nicht scharf auf Dosenfutter. Ich behalte den kleinen Löwen noch in seinem Käfig und öffne nur die Tür, damit er aufs Katzenklo kann, falls er weiß, was das ist.

Das Tigerchen sperre ich erst einmal ins Badezimmer, damit er vor den anderen sicher ist, und gebe allen zu fressen. Mirus kann kaum an sich halten, denn allzu gerne würde er den kleinen Löwen abschnuffeln. Ich lasse ihn natürlich nicht. Pupu sitzt in gebührendem Abstand vor dem Wesen, das bald bei ihm wohnen wird. Ich muß lachen, wenn ich daran denke, daß Bob in Zukunft zwei so verschiedene Kater haben wird. Pupu, die absolute Schönheit, und den kleinen Löwen, häßlich wie die Nacht.

Genius ist offensichtlich sauer. Er ignoriert den Käfig mitsamt seinem Inhalt, als könne er den Fremden dadurch wegzaubern.

Als ich später nochmal ins Waschzimmer schaue, um nach meinem Gast zu sehen, schläft der kleine Löwe schon. Ich schließe leise die Tür, um ihn nicht zu wecken. Das Tigerchen hat sich im Badezimmer auf die Decke von Genius gelegt. Es schnurrt und gibt mir zu verstehen, wie glücklich es darüber ist, satt zu sein und trocken zu liegen. Ich streichle es und bleibe noch, bis ihm die Augen zufallen. Dann gehe ich und beruhige Mirus, der vor Erregung fast platzt. So viele neue Freunde im Haus. Da muß er sich schon sehr beherrschen. Er hat gelernt, daß er warten muß, bis die Katzen zu ihm kommen. Und das fällt ihm unendlich schwer, was ich ja verstehen kann.

4. April

Der kleine Löwe ist beim Tierarzt, das Tigerchen sitzt noch in meinem Badezimmer, denn es wird erst morgen kastriert, und Genius hat sich auf die Loft zurückgezogen, um zu grollen. Pupu leistet ihm Gesellschaft, und ich weiche nicht von der Seite meines neuen Gastes, weil er kläglich miaut, wenn ich nicht beim ihm bleibe. Er ist entzückend. Er putzt sich mit einem Eifer, als habe er nur darauf

Ich sehe eben so aus!

gewartet, endlich dafür Zeit und Muße zu haben, was heißt, einen vollen Magen. Er reibt sein Köpfchen in meine Arme, rollt sich herum, schnurrt und hört gar nicht auf zu schmusen.

5. April

Es ist unglaublich. Der kleine Löwe ist gar nicht krank, er sieht eben so aus, und seine Backen sind nicht geschwollen, sie sind eben so. Er hat Ohrmilben und Würmer, mehr aber auch nicht. Der Tierarzt sagt mir, daß er noch niemals einen so häßlichen Kater behandelt habe. Bevor sie ihn überhaupt anrührten, haben sie ihn gebadet. Das wundert mich nicht, denn er hat gestunken wie ein Wiedehopf. Sein Blut ist in Ordnung, die Zähne sind ramponiert, wahrscheinlich durch Katerkämpfe. Das macht aber nichts. Wenn er in Zukunft regelmäßig gefüttert wird, kann er trotzdem alt werden.

Apropos füttern. Der Kater sei nicht satt zu kriegen, sagt der Tierarzt. Drei Dosen habe er verdrückt. Ich weiß, ich kenne ihn ja, er frißt wirklich wie ein Löwe.

Auch der Tierarzt sagt, daß dieser Kater besonders freundlich ist. Die ganze Belegschaft hat ihn gern, weil er sich einfach alles gefallen läßt. Und hat er erst gefressen, legt er sich einfach auf den Rücken und streckt die Beine in die Luft, als würde es auf dieser Erde nichts und niemanden geben, der ihm übel wollen könnte. Doch wie man sieht, wird sein Gottvertrauen belohnt. Er hat – obwohl er wirklich nicht der Schönste ist – ein Zuhause gefunden und damit ausgesorgt.

6. April

Freude und zugleich eine gewisse Hoffnungslosigkeit haben die letzten Tage mein Innerstes bewegt. Freude, weil es doch möglich ist, ein Zuhause für einige Kätzchen zu finden, und Hoffnungslosigkeit, weil ich kaum jemanden finden werde, der die Zurückgebliebenen im Park auch während meiner Abwesenheit weiter füttert, damit sie nicht hungern müssen. Hoffnungslosigkeit vor allem angesichts all der trächtigen Weibchen. Meine Zeit und meine Mittel reichen nicht, um allen ausreichend zu helfen. Die Kastration ist teuer, und wenn das Tierheim nicht mithilft, ist meine Kapazität schnell erschöpft. Aber das Tierheim gibt bis Juli keine finanzielle Hilfe mehr, wenn man Tiere kastrieren läßt. Es zahlt nur, wenn man das Tier ins Tierheim bringt. Das aber würde ich niemals tun, seitdem ich weiß, daß man es dort schon nach drei Tagen tötet, wenn das Heim zu voll ist. Ich habe das auch im Heim gesagt. Die Antwort war nicht eben mitfühlend. Es müsse sein, hieß es, es gebe eben zu viele Katzen. So einfach ist es offensichtlich, wenn man sich einmal durchgerungen hat, das Problem nüchtern zu betrachten. Doch was gehört dazu? Das Töten des Gefühls. Und damit stirbt die Seele.

Für mich gibt es nur zwei Möglichkeiten der Hilfe. Die eine ist, Menschen zu finden, die den Katzen ein Zuhause geben. Und für all die Zurückgebliebenen muß ich Freunde von mir mobilisieren, damit die Tiere auch während meiner Abwesenheit ihr Futter bekommen und nicht vergeblich darauf warten.

Maybelle, eine liebe Freundin, wird die Katzenmütter im Park betreuen. Sobald die Jungen groß genug sind, werden sie zu einem befreundeten Tierarzt gebracht. Der wird sie in seiner Praxis versorgen, bis sie ein Heim gefunden haben. Katzenbabys finden meist leichter einen Menschen, der sie will.

Dem wunderschönen Himalayen, der aussieht wie Pupu, geht es etwas besser. Er hinkt nicht mehr so sehr, so daß ich annehme, daß sein Bein nur verstaucht ist und vielleicht auch ohne ärztliche Hilfe heilt. Ich kann ihn einfach nicht fangen. Zu gerne würde ich gerade ihm helfen, aber er ist so scheu, daß ich ihn nicht noch mehr erschrecken möchte, indem ich ihm zu nahe trete. Lieber warte ich, bis er vielleicht Vertrauen zu mir gewinnt und versuche in der Zwischenzeit, einen Menschen für ihn zu finden. der ihn bei sich aufnimmt. Mein armer, alter Freund, mit der Wunde am Ohr, frißt Trockenfutter. Ich habe heute eine andere Marke Dosenfutter, aber die schmeckt ihm nicht. Das gibt mir Hoffnung für ihn. Denn solange er überhaupt frißt und noch dazu wählerisch ist, kann er auch wieder gesund werden.

Ich füttere ihn schon lange. Trotzdem ist er klapperdürr geblieben.

Katzenelend.

Er macht einen trostlosen Eindruck. Aber seit ich ihn regelmäßig ernähre, setzt er sich in meine Nähe, als würde er Hilfe von mir erwarten. Sein Fell ist dünn und ab und zu geht ein Zittern durch seinen Körper. Wenn ich nur bleiben und all diesen armen Kreaturen beistehen könnte. Gegen Abend hole ich das Tigerchen vom Tierarzt ab. Im großen und ganzen ist es gesund und vor allen Dingen munter. Im Gegensatz zum kleinen Löwen läßt es keineswegs alles mit sich machen, sondern protestiert, wenn ihm etwas nicht gefällt. Zutraulich ist es nur zu mir, vor anderen Menschen versteckt es sich. Den kleinen Löwen habe ich im Badezimmer untergebracht, denn obwohl er gewaschen wurde, stinkt er noch immer abscheulich. Das kann auch noch eine Weile dauern. Sein gelbes Fell hat dunkle Stellen. Er ist insgesamt heruntergekommen, weil er sich eine Ewigkeit nicht geputzt hat.

Zweisamkeit.

Er sieht zerrupft aus und sein Fell ist stumpf. Als ich nach ihm sehe, liegt er auf seiner Decke und putzt sich. Seine Gleichgültigkeit ist von ihm gewichen. Das ist mein Lohn. Ich sehe, daß die Zuwendung, die er bekommt, anschlägt. Er läßt sich nicht mehr gehen. Wer weiß, vielleicht wird das noch ein Prachtkater.

Ich störe den Löwen nicht mehr bei seinem eifrigen Bemühen, sich in Ordnung zu bringen und wende mich dem Tigerchen zu, das noch immer in seinem Käfig sitzt. Sein Fell ist sauber, denn es schleckt sich unentwegt. Fast zuviel. Als ich die Käfigtur öffne, kann ich nicht glauben, was ich sehe. Der kleine Tiger geht schnurstracks auf Mirus zu und reibt sein Köpfchen an ihm. Dann rollt er sich auf ihm herum, schmust mit ihm und schnurrt, um sich zu guter Letzt an seiner Seite auf dem Kissen zusammenzurollen. Mirus ist entzückt und verhält sich wie eine gute Affenmutter, denn er beginnt, den kleinen Kater zu entflohen. Das Tigerchen ist begeistert und streckt sich gemütlich auf dem Kissen aus. Und ich stehe mit offenem Mund da, denn vieles hätte ich erwartet, das aber nicht!

8. April

Wolfgang ist aus München zurück. Gestern hat Bob Pupu, Genius und den kleinen Löwen abgeholt. Der Umbau ihres Hauses ist fertig. Und da ich Wolfgang nicht mit vier Katzen überraschen wollte, noch dazu einem großen Stinker, habe ich die Bande noch schnell vorher verschwinden lassen. Geblieben ist nur das Tigerchen. Als wir in der Nacht vom Flughafen nach Hause kamen, hatte sich der kleine Kater hinter der Waschmaschine versteckt, denn die fremde Stimme machte ihm Angst. Ich hatte Wolfgang nichts von den vielen Katzen erzählt, die sich wochenlang bei uns tummelten, so daß er völlig ahnungslos war, als aus der Ecke ein Piepsen kam. Nein, eigentlich kein Piepsen, sondern ein forderndes Geschrei. Es war nicht zu überhören.

„Was ist denn das?", fragt Wolfgang ungläubig. „O, nichts, fast nichts", antworte ich schnell, „nur ein kleiner Kater. Ich habe ihn nur vorübergehend, bis ich jemanden finde, der ihn nimmt. Bob hat einen Freund, der eventuell in Frage kommt."

Da kann er nicht viel sagen, außerdem ist der Kleine so süß, daß er jedes Herz rührt. Und als ich Wolfgang die Geschichte vom Katzenpark erzähle, kann er verstehen, daß ich das Tigerchen ins Haus genommen habe.

In dieser Nacht schläft der Tiger unter unserem Bett. Morgens um fünf wird er wach und schreit heftig. Er hat eine Stimme, daß einem angst und bang werden kann. Ich glaube nicht, daß dies eine normale Hauskatze ist. Ein Vorfahre muß ein orientalisch Kurzhaar gewesen sein, denn er hat auch eine solche Kopfform und die langen Ohren und vor allen Dingen die Stimme.

Das große Haus ist dem Kater unheimlich. Steht Wolfgang auf, bekommt der Kleine Höllenangst und kriecht in die letzte Ecke. Ich will ihn ins Bett nehmen, doch er will nicht und läuft fauchend im Haus herum. Wolfgang ist Gott sei Dank sowieso schon wach. Die Zeitumstellung macht ihm zu schaffen. Und wie eine Mutter ihr schreiendes Baby betrachtet und sich fragt, wie sie es beruhigen kann, schaue ich mein Tigerchen an und frage mich, was es wohl will. Ich streichle es. Als dies nicht hilft, kommt mir der rettende Gedanke: Futter! Ich mache ein Döschen auf. Gierig verschlingt der Tiger sein Mahl, um gleich darauf wieder loszuplärren. Der kleine Quälgeist will, endlich begreife ich es, in den Garten. Doch gerade das muß ich ihm verweigern. Denn erstens gießt es in Strömen und zweitens ist er frisch operiert. Ich schließe ihn, um Ruhe zu haben, in seinem Zimmerchen ein und lege mich wieder ins Bett. Nach einem Weilchen ist alles still. Der Tiger schläft.

12. April

Das Tigerchen ist nun schon eine Woche bei uns. Es ist immer noch verunsichert durch das große Haus und schläft am liebsten in der Waschküche. Dort fühlt es sich wohl. Vor Wolfgang hat es immer noch Angst. Nur wenn er im Bett liegt und mit den Zehen wackelt, springt der Kater auf ihn und beißt kräftig zu. Sobald Wolfgang sich bewegt, aufsteht oder sich nur umdreht, verschwindet der Angsthase sofort.

14. April

Mein Tigerchen entwickelt sich. Jeden Tag wird es mutiger. Der Tierarzt sagt, daß es jetzt ausgewachsen sei. Ich habe den kleinen Kater auf sechs Monate eingeschätzt. Er ist so verspielt wie ein Katzenbaby und im Körperbau überaus zart. Man sieht richtig, wie glücklich er mit uns ist. Morgens, wenn er aufwacht, freut er sich schon auf sein Fressen. Auch bei schönem Wetter drängt er nicht mehr in den Garten. Er fühlt sich inzwischen im Haus wohl und geborgen. Wenn Mirus ihn erwischt, schnappt er ihn, um ihn zu flohen. Das scheint eine seiner Lieblingsbeschäftigungen zu sein. Der Kleine läßt es sich gefallen, obwohl er gar keine Flöhe hat. Er hat keine Angst vor Mirus.

Dale, der Freund von Bob, sucht einen Kater wie unser Tigerchen. Er will vorbeikommen und ihn sich anschauen. Wahrscheinlich wird er ihn zu sich nehmen.

18. April

Es ist zwei Wochen her, daß ich das Tigerchen vom Park mit nach Hause genommen habe. Eigenartigerweise hat es immer noch Angst vor Wolfgang, während es mir gegenüber jeden Tag zutraulicher wird. In der Nacht schläft es auf dem großen Kissen von Mirus.

Es ist dunkel, als ich kurz aufstehe. Der Kater hört mich und kommt mir laut miauend entgegen. Da ich nicht will, daß Wolfgang wach wird, nehme ich den Unruhegeist und setze mich zu ihm auf das Kissen. Er ist zum Auffressen süß. Während wir miteinander spielen, wälzt er sich, reibt sich an mir und schleckt mir zum Schluß noch die Wange. Sein Gesicht ist klein und spitz und sein Schnäuzchen winzig. Es ist gut, daß ich ihn mitgenommen habe, denn er wäre im Park immer zu kurz gekommen, da er nicht viel auf einmal fressen kann, sondern öfter gefüttert werden muß.

Von Dale habe ich lange Zeit nichts mehr gehört und telefonisch kann ich ihn auch nicht erreichen. Deshalb melde ich den kleinen Tiger bei der Fluggesellschaft an, mit der wir in knapp einer Woche zurückfliegen werden. Wenn wir keinen Abnehmer für den Tiger haben, muß er eben mit. Geimpft ist er schon und die nötigen Papiere für seine Einreise nach Deutschland werde ich morgen besorgen.

20. April

Nachdem ich gestern noch beim Tierarzt war, um die Ausreisepapiere für den kleinen Tiger zu besorgen, und mich innerlich darauf eingestellt habe, daß er uns begleiten wird, ruft heute Dale an und fragt, ob er ihn noch haben kann. Dale war die letzten Tage auf einer der Nachbarinseln und hatte unsere Telefonnummer nicht bei sich. Deshalb hat er erst jetzt angerufen.

„Ja, er ist noch da", sage ich völlig außer Fassung, daß der Kleine nun doch plötzlich gehen soll.

Ich bin völlig hin- und hergerissen und weiß nicht, was ich tun soll. Wenn Dale nicht mehr angerufen hätte, hätte ich ihn mitnehmen müssen, weil er hier kein Zuhause hat. Jetzt aber wird ihm eins angeboten. In einer halben Stunde wird Dale da sein, um sich das Katerchen anzusehen. Der Kleine sitzt auf dem Bett bei Wolfgang, als Dale kommt. Ich hole ihn, um ihn Dale zu zeigen. Wie immer ist er sehr scheu und windet sich in meinen Armen, um sich zu verstecken. Um ihn zu beruhigen, setze ich ihn wieder zu Wolfgang aufs Bett. Er schaut so vertraut aus auf diesem Platz. Wir können uns nicht entschließen, ihn Dale mitzugeben. Ich bitte um zwei Tage Bedenkzeit.

Wenn ich nur wüßte, was für den Kleinen das Beste ist. Wenn er hier bei Dale bleibt, ist er gut aufgehoben, denn Dale hat Zeit für ihn und wird ihn lieben. Allerdings würde aus dem kleinen Tiger eine Wohnungskatze werden. Was in gewisser Hinsicht schade wäre, weil er so einfallsreich ist und in einem Garten immer auf neue Ideen kommt. Bei dem Gedanken, den Kater mitzunehmen, hüpft mein Herz vor Freude, denn Haus und Garten würden ihm gefallen.

Nur weiß ich natürlich nicht, ob es Probleme mit meinen Katzen zu Hause geben wird. Ob sie sich verstehen, oder einander bekämpfen werden. An der Art, wie sich der Kleine gegenüber Mirus benimmt, kann ich klar erkennen, daß er sich durchsetzen kann, denn er springt den großen Hund einfach an, wenn er ihn sich vom Leibe halten will. Auf der anderen Seite ist der Kater scheu und ängstlich und vertraut nur mir. Wie soll ich mich nur entscheiden?

23. April

Schweren Herzens habe ich den kleinen Tiger doch zu Dale gegeben. Schon jetzt vermisse ich ihn schmerzlich. Aber ich glaube, daß er in Dale einen Menschen gefunden hat, der zu ihm paßt. Dale scheint mir sehr geduldig. Seinen Möbeln, so meint er, würden eventuelle Kratzer nichts ausmachen. Da kann ich nur hoffen, daß auch er hart im Nehmen ist, denn wir haben die letzte Nacht größtenteils wach verbracht, weil der Tiger in Spiellaune war. Er ist unglaublich schnell und saust wie ein Teufel auf dem Bett herum. Er hat Wolfgang durch

die Bettdecke so in den großen Zeh gebissen, daß er blutete. Dabei schaut der Kleine dann ganz frech. Doch ich glaube, Dale hält das schon aus. Ich erinnere mich auch, wie schwer mir ums Herz war, als ich vor zwei Jahren Genius bei Bill zurücklassen mußte. Und was für eine schöne Gemeinschaft ist zwischen den beiden entstanden. Bill hatte damals nicht einmal eine Katze gewollt, sondern sie nur genommen, weil er mir helfen wollte. Dale aber will den kleinen Tiger haben.

Mirus war es gar nicht recht, daß der Tiger uns verlassen hat. Als Dale kam, saß der Kleine im Badezimmer auf dem obersten Balken. Dort fühlte er sich sicher. Ich stieg hinauf und hob ihn herunter. Es tat mir in der Seele weh und schmerzt mich heute noch, wenn ich daran denke, daß er sich von mir fassen ließ, obwohl er sich auch hätte wehren können. Er hat mir immer vertraut. Jetzt muß er sich erst wieder an Dale gewöhnen. Die Reise nach Deutschland wäre allerdings ziemlich anstrengend für ihn gewesen, und dort hätte er sich auch eingewöhnen müssen. Und vor Wolfgang hat er bis zuletzt Angst gehabt.

Als Dale den Kater zum Auto trug, lief Mirus aufgeregt hinterher. Er dachte wohl, Dale würde uns den kleinen Tiger stehlen. Ich hatte Mühe, ihn zu beruhigen, denn er wollte ihn nicht gehen lassen. Das ist das Liebe an Mirus. Sein Charakter ist phantastisch. Ich habe Mirus versprochen, daß alles seine Ordnung habe, daß der kleine Tiger ein Herrchen gefunden habe, das ihn lieben wird. Gott sei Dank glaubte er mir und ließ Dale ins Auto steigen.

Seitdem ist es leer bei uns im Haus. Keiner springt herum und neckt Mirus, keiner versteckt sich oder miaut, weil er will, daß man sich um ihn kümmert, keiner rennt vor Schreck gleich meilenweit, wenn er fremde Schritte hört oder Wolfgang aufrecht stehen sieht. Es ist gut, daß wir morgen abreisen. Ich hätte ihn niemals hergeben können, wenn wir hiergeblieben wären.

Abschied vom Tiger.

Auch der Abschied von Mirus fällt mir schwer, obwohl ich weiß, daß er gern bei Larry sein wird. Ich warte bis zum letzten Moment, bevor ich ihn zu Larry bringe und tröste mich damit, daß im Leben alles seinen Preis hat. Das Opfer, das wir augenblicklich für unsere schöne gemeinsame Zeit bringen müssen, ist die Trennung.

München, 26. Juni

Zwei Monate sind vergangen seit unserer Abreise aus Hawaii, zwei Monate, in denen alles zerstört wurde, was ich im Park von Hawaii aufgebaut hatte. Maybelle hat mir geschrieben. Sie hat zuverlässig für mich die Kätzchen weitergefüttert, aber eines Tages, so steht es in dem Brief, sei sie wieder in den Park gekommen und habe keines der Kätzchen mehr angetroffen.

Zuerst habe sie gedacht, daß Bob vielleicht gekommen sei und einige Katzen eingefangen habe, weil er ein Zuhause für sie aufgetrieben habe. Dann aber sei es ihr merkwürdig vorgekommen, daß alle Katzen weg waren, die Schönen wie die Unscheinbaren. Sie habe versucht herauszufinden, was geschehen sei, aber nirgends eine Auskunft bekommen, die sie befriedigt habe. Keiner wußte, was geschehen ist. Ich ahne allerdings, was passiert ist. Ein Katzenfänger hat sie wohl alle eingefangen. Warum, weiß ich nicht. Ich kann nur hoffen, daß man sie nicht vergast hat. Der Gedanke, daß sie in einem Labor gelandet sein könnten, ist mir unerträglich. Mir ist, als sei ein Licht in mir verlöscht. Was ich mit Liebe gehegt habe, ist von anderen vermutlich grausam vernichtet worden.

Wo sind sie geblieben?

8. September

Bill hat aus Hawaii angerufen. Genius ist eines Tages nicht mehr nach Hause gekommen. Er hat ihn überall gesucht, das Tierheim angerufen, er ist auf den Golfplatz gegangen, wo wilde Katzen leben, und hat jeden gefragt der ihn gesehen haben könnte, aber ohne Erfolg.

Hoffentlich ist er nicht aus Versehen verschleppt worden, denn Genius liebte es, sich auf Autos aller Art zu setzen! Ein Überbleibsel seiner traurigen Jugend. Diese Gewohnheit hat er leider beibehalten, obwohl er es längst nicht mehr nötig hatte, in einem Auto Schutz zu suchen. Als ich ihn einst fand, saß er auch in meinem Jeep. Es wäre durchaus möglich, daß er dies wieder getan hat und auf diese Weise von jemandem mitgenommen wurde, der das gar nicht wollte. Gott sei Dank ist Genius tätowiert, so daß jeder gleich sehen kann, daß er jemandem gehört. Die Chance, ihn wiederzufinden ist dadurch größer, und die Gefahr, daß ihn ein Labor nehmen könnte, geringer. Wie bin ich froh, daß ich ihn damals gleich tätowieren ließ, als er kastriert wurde. Vielleicht ist das jetzt seine Rettung.

15. Oktober

Ich habe Nachricht von Bill. Er hat Genius nicht gefunden. Vielleicht hat ein anderer Mensch ihm ein Zuhause gegeben. Ich glaube nicht, daß er tot ist. Bill meint, er könne bei einem Katerkampf ums Leben gekommen sei. Genius hat für sein Leben gern gerauft. Zu Hause war er zärtlich, aber in seinem Revier wollte er keinen anderen Kater dulden und legte sich mit jedem an, der dies nicht akzeptierte. Ich kann es mir dennoch nicht vorstellen, denn wenn er wirklich verletzt gewesen wäre, wäre er nach Hause gekommen. Und daß ihn ein anderer Kater bei einem Kampf gleich umgebracht hat, glaube ich auch nicht. Mit einer Verletzung wäre Genius aber bestimmt zu Bill zurückgekehrt, um sich helfen zu lassen. Es war doch sein Zuhause, das er geliebt und in dem er sich wohlgefühlt hat. Wie es das Schicksal will, ist bei Bill ein anderer Streuner aufgetaucht. Er sieht Genius zum Verwechseln ähnlich. Wahrscheinlich haben ihn Leute ausgesetzt, denn er ist zärtlich und ringelt sich nachts um Bills Hals. Bill sagt, daß er nicht mehr ohne Katze leben mag, seitdem er Genius hatte. Er spricht mir aus dem Herzen, denn ich frage mich auch, wie kann ein Mensch ohne Katze leben!

1. November

Eine Hiobsbotschaft folgt der anderen. Ich bin schon so traurig, weil Genius vermißt ist, jetzt bekomme ich einen Brief von Dale, daß er den kleinen Tiger einschläfern lassen mußte. Dale leidet ebenso wie ich. Er hatte sich an den Tiger gewöhnt, und der Kleine hatte auch seine Scheu vor Dale verloren. Um den Kater gegen eine quälende Allergie zu behandeln, ist er mit ihm zum Tierarzt gegangen. Das Tier mußte sich dauernd kratzen. Das konnte durch eine Spritze behoben werden, doch dann brach Diabetes aus, und dem Kleinen ging es so schlecht, daß der Tierarzt meinte, man müsse ihn erlösen, weil alles andere Quälerei sei. Schweren Herzens hat sich Dale entschlossen, ihn einschläfern zu lassen.

Mir bricht fast das Herz. Ein Unglück folgt dem anderen. Genius vermißt, der kleine Tiger tot und die Katzen im Park verschwunden!

20. Dezember

Es war ein Irrtum anzunehmen, daß das Maß voll sei, daß es nichts mehr geben könne, was das Unglück vermehrt. Andy hat geschrieben. Der kleine Kardinal ist tot.

Am Abend ist der Vogel noch quicklebendig in der Voliere herumgeflogen, am nächsten Morgen war er tot. Keiner weiß, woran er gestorben ist. Vielleicht an Altersschwäche, denn niemand kann sagen, wie alt der Vogel schon war, als ich ihn zu Andy brachte.

Gott sei Dank ist wenigstens Mirus gesund und guten Mutes. Bill hat ihn auf dem Trainingsplatz besucht. Dort tollte er gerade mit seinen Hundefreunden herum. Es fehlt ihm an nichts. Er wird artgerecht gehalten, und er liebt Larry und dessen Hund. Natürlich wäre er noch lieber bei mir. Denn ich habe ihn verwöhnt. Bei mir hat er Abwechslung und Abenteuer gehabt. Bei mir ist immer etwas los gewesen. Bei mir würde er aber auch dick und ungezogen werden, so daß er zwischendurch die Schule nötig hätte, um all die Unarten wieder loszuwerden, die ich ihm durchgehen lasse. Ferien und Schule, das ist für ihn das Leben. Wenn man bedenkt, daß nichts auf Erden je vollkommen ist, kann man wirklich sagen, daß es ihm gut geht.

In vier Tagen ist Weihnachten. Das Jahr geht zu Ende. Es war ein aufregendes, schönes Jahr. In das Leid am Ende mischt sich die Erinnerung an traumhafte Stunden auf Hawaii, an mein Glück mit Tieren!

Epilog

War alles umsonst? Nein! So zu denken, wäre gewiß ein Fehler. Alle Tiere, denen ich helfen durfte, hatten bis zu ihrem Tod ein schönes Leben. Keines mußte mehr hungern. Das allein schon ist reichlich Trost.

Man muß immer wieder neu beginnen und sollte nie den Mut verlieren. Unser Mitgefühl für unseren „Bruder, das Tier“, darf nie versiegen.

... und wieder beginnt ein neuer Tag!

Das Tagebuch einer Katzen-Enthusiastin – unterhaltsam und informativ

Ein außergewöhnliches Katzenbuch: In Form eines reich bebilderten Tagebuches beschreibt Ingeborg Steinbach bewußt subjektiv, wie sie zur „Katzennärrin" wurde. Einfühlsam schildert sie das Zusammenleben von Katze und Mensch – den Alltag ebenso wie dramatische und komische Zwischenfälle. „Wirklich, ein Leben ohne Katze ist kein Leben", notiert sie voller Überzeugung. Wer wollte ihr widersprechen nach der Lektüre dieses informativen und vergnüglichen Buches?

Ingeborg Steinbach

Wie kann ein Mensch bloß ohne Katze leben!

144 Seiten mit 49 vierfarbigen Abbildungen
Format 21,5 x 21,5 cm
farbiges Hardcover

DM 39,80

Bestell-Nr. 9050
ISBN 3-928024-03-5